倭人・倭国伝全釈

東アジアのなかの古代日本

鳥越憲三郎

角川文庫
22265

倭人・倭国伝全釈

東アジアのなかの古代日本

目次

まえがき

倭人・倭国について記した中国の正史、それは『漢書』から『旧唐書』まで十一種の史書にわたる。そのすべてを日本文で読み下し、語句の注釈のほか詳細な解説をつけたのは、本書が初めてのことである。

その執筆にあたって、もっとも大きな目的としたのは、これまで幾多の論著で発表した「倭族論」の締めくくりの書とすることであった。彼らは中国の南部に横たわる長江流域に発祥し、稲作と高床式住居を顕著な文化的特質として、東南アジア諸国からインドネシア諸島嶼、さらに朝鮮半島中・南部から日本列島に移動分布した民族で、それを「倭族」という新しい概念で捉えたものである。

そのことは中国の正史に見える倭人・倭国が、日本人・日本国に対しての呼称であるとしてきた先学者たちの見解を、真っ向から否定するものであった。「倭人」という語の起こりは、黄河流域を原住地として政治的・軍事的に覇権を掌握した民族が、とりわけ秦・漢の時代以降、彼らの迫害によって四散亡命した長江流域の原住民に対して、蔑んでつけた卑称であった。

振り返ってみると、その「倭族論」に、私の近年の著述はほとんど終始してきたように思われる。きっかけは今から二十年あまり前になるが、一九七九年の秋、ある学会からタイ国調査団長を強く懇請されて赴き、その帰途、月光を浴びる航空機の中で、「倭族」という言葉が脳裡をかすめたのに始まる。

そこで帰国後、毎日テレビにタイ山地の少数民族の取材について同行を依頼した。また『毎日新聞』の新年の原稿として、「日本民族のルーツを探る」の一文を寄せ、その中で初めて「倭族」という表現を用いた。そして団員六名とテレビ班の一行は、翌年二月一日にタイへ向けて出発した。

まずアカ族の村で、村の出入り口に鳥居に似た門を見つけた。その笠木には数羽の木彫りの鳥が置かれ、〆縄まで吊るしてあった。〆縄は村に侵入する悪人を縛るための威しであるが、わが国でも「締める縄」として伝え、また「鳥居」という名称の起こりについても知らされた。

つぎにカレン族の村を訪れ、それらの取材の成果は、帰国後の四月二十九日の祝日に、毎日テレビで「生きていた倭人」として放映された。

ところが東南アジアにひろく分布する少数民族だけでなく、古くはカンボジアのクメール人をはじめ、タイ人・ミャンマー人まで中国雲南から南下したことを知った。そこで雲南省の奥地に足を伸ばすことを計画したが、許可が下りない。それが元駐日大使の宋之光先生のお力添えで、雲南省に迎えられることになった。

ねらいは今から三、四十年ほど前まで「首狩り」をしていた佤族の村々であった。中国人でさえ公安局の許可がないと入れない地域であったが、幸いにも調査することができた。そして「首狩り」が稲作儀礼としての神聖な行事であったことを知ったが、珍しく母系社会を維持する海東村を訪れたとき、女性は赤ん坊まで貫頭衣を着け、まるで弥生時代の村に入った思いがした。

　また『日本書紀』允恭朝には、熱湯に手を入れて物を探る「探湯」が記されているが、佤族とリス族で実演してくれた。その探湯は『南斉書』の扶南国の条にもみえる。

　さらに竹下駄・木下駄の数種を集めたが、わが国古代の下駄と同じく、花緒の穴が内側に寄るものであった。また白族の市場では、わが国の物とどこが違うか迷うほどのワラジを売っていた。そうした下駄やワラジまで、弥生人は持ってきていたのである。

　そのほか、インドネシアの各島嶼では、最後に東端に近いスラウェシ島のトラジャ族の調査に熱中した。近くは朝鮮半島中・南部、中でも済州島に興味を抱くなど、東アジア・東南アジアなどひろく探訪して、倭族の軌跡を辿った。そしてやっと締めくくりの著作を上梓することになったのである。

　どうか「序説　倭人について」を、まずお読みいただきたいと思う。

二〇〇四年五月

鳥越憲三郎

序説　倭人について

「倭族」とは何か

本書は「倭人（わじん）」について記録した中国の各史書を取り上げて、それら史書の誤謬（ごびゅう）を正すとともに、わが国の文献には記されていない古代日本の国情や習俗などを明らかにしようとするものである。

それに先立ち、まず述べておきたいのは「倭人」という用語を、これまで先学者たちが大きく誤って理解していたことである。例えば諸橋轍次（もろはしてつじ）著『大漢和辞典』（大修館書店）を見ると、倭人・倭国は「古（いにしえ）、中国人が日本人を称していふ」「古、中国人が我が国を称していふ」とある。また『日本国語大辞典』（小学館）でも、倭人を「昔、中国の立場からの日本人の称」、倭国は「日本の国。また、漢代以降、中国から日本を呼ぶ称」と記し、日本人・日本国をさす特定の呼称として捉（とら）えられている。

それは誤解されたもので、「倭人」「倭国」という名称の起こりは、日本人・日本国に限られたものではなかった。黄河（こうが）流域に発祥した漢族が優越感から、長江（ちょうこう）流域を原住地として各地に移動分布した民族を総括して命名した卑称であった。そこで、その語の起因を探るために、中国大陸に目を向けてみることにしたい。

われわれは中国大陸を一つとして見がちであるが、実は北と南とでは大差がある。淮（わい）河（が）を境にして、北の黄河流域が寒冷・乾燥地帯であるのに対し、南の長江流域は温暖・湿潤地帯で、環境・風土が対蹠（たいせき）的に大きく異なっている。

そのことは生産様式をはじめ、社会機構や習俗に大きく影響を及ぼした。例えば黄河流域では耐寒・耐旱性の粟の畑作が営まれ、住まいも地炉形式の竪穴式住居となった。それに対し長江流域では暖かく水も豊かなため水稲農耕となり、増水も考えて炊事の火を高床面に設ける高床式住居が考案された。

高床式住居（タイ、アカ族）

右の住まい一つの違いからでも、高床式住居では高床面が生活空間であるため、必ず履き物を脱いで上がる。もし跣の生活であれば、梯子の昇り口か部屋の入り口で、足を水で洗うか布切れで拭き、屋内と屋外とがはっきり区別されている。それに対し竪穴式住居では、後に平地式住居に移行しても、屋内と屋外との区別はなく、土足のまま出入りする生活である。

右は生産と住居を代表的な事例として示したのであるが、両者に見られる大きな差異から、長江流域を原住地とし、稲作と高床式住居を文化的特質として四方に移動分布した民族を、筆者は総称して「倭族」という新しい概念で捉え、これまで幾多の論著で発表してきた。

その倭族の移動分布は広域におよび、長江全流域を中心に、西はネパール東部、南は東南アジア全域からインドネシア諸島嶼、北は中国の江蘇省・安徽省・山東省、東は朝鮮半島中・南部を経て日本列島に達した。

彼ら倭族の移動の多くは、漢族からの迫害によるものであった。それは漢族の住域が地理的に中央アジアの先進文化を受容しやすかったことから、黄河中流域を中心として高度な文化を開花させ、その結果、長江流域の倭族にくらべて政治的・文化的に大差をつけることになった。その彼らの武断的権力にもとづく領土拡張の犠牲となって、倭族たちはつぎつぎと僻地へ逃避せざるを得なくなったのである。

その漢族の優位性は当然のこと自負心となり、長江流域に発祥した民族を蔑視し、卑称として「倭人」と呼ぶようになった。諸橋轍次著『大漢和辞典』によると、「倭」は「みにくい」（醜い）の意として、「仳」「仳倠」に通じるといい、後漢の許慎が撰した『説文解字』には「倠、仳倠、醜面なり」とみえる。

そうした卑称には無理からぬものがあった。というのは、中国の各史書にしばしば記載されている倭族の習俗が、漢族の目には異様なものとして映っていたからである。すなわち黥面（顔の入れ墨）・文身（身体の入れ墨）や断髪（頭の頂に一房の髪を残す髪型）の習俗である。

倭族にみられる習俗を漢族が奇異に感じたのは、両者の服飾に原因していたともいえる。漢族の住む寒冷・乾燥地帯の黄河流域では、体温を保つために毛皮であれ布地であ

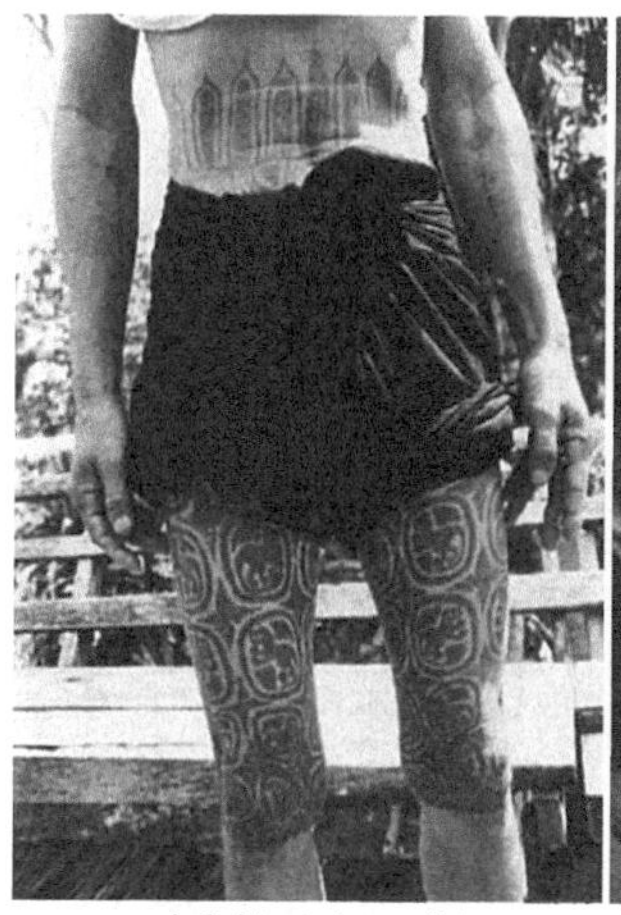

文身(タイ、カレン族)

黥面(雲南、独竜族。伍金貴氏提供)

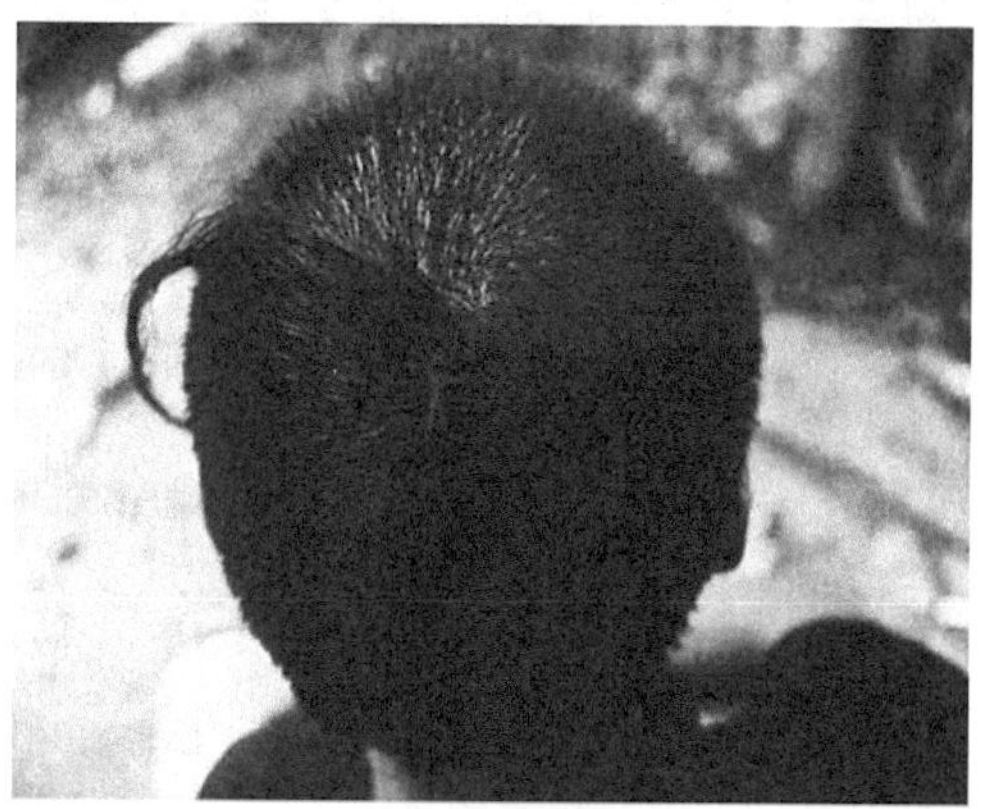

断髪(タイ、アカ族)

れ分厚く、しかも体に密着するように裁断されて縫われる。そして頭の帽子をはじめとして、手足の先まで覆われるので、装飾はもっぱら衣服が対象となる。

それに反して温暖・湿潤地帯の長江流域に発祥した倭族たちは、体温を発散させるために風通しのよいように、そして手足までも露出する衣服が裁断される。そのため衣服は薄手で、たびたび洗濯のできる布地が選ばれる。しかも『三国志』魏志・倭人伝によると、夏のことであろうが、日本でも男性は腰巻きだけで、上半身は裸であったとある。そうした装飾となると、衣服ではなく自らの体を対象とすることになる。したがって入れ墨は、彼らにとって最高の装いであり誇りであった。しかし漢族には理解できない奇習としてみられたのであろう。

なお「断髪」のことは、これまで学問的に不明とされてきたが、筆者が倭族たちの実例をもって初めて解明したものである。彼らは人間には三十三の霊があって、その最高の霊は頭にあると信じ、それを保護するため頂の頭髪だけを残すのである。中国奥地の彝族では、他人がたとえ誤ってその髪に触れても、その者を殺してよいとされていたほど、断髪は貴重なものとして守られてきた。

タイ国に旅行された方は必ずガイドから、日本人は子供の頭を撫でる癖があるが、ここでは絶対に子供の頭に手を触れないように注意されたであろう。首都のバンコックでさえ、今でもその遺風が伝えられているのである。

そうした倭族一般にみられる習俗が、わが国にも同じように伝わっていて、『後漢書』に「男子は皆黥面・文身し」とあり、また『三国志』魏志・倭人伝にも「断髪・文身」と記されている。

以上のことでわかるように、「倭人」「倭国」という用語は、日本人・日本国をさしての呼称ではなく、原住地の長江流域から各地に移動分布した民族の総称として、漢族が名づけた卑称であった。そのことが理解されなかったことから、これまで中国の史書の注釈をどれだけ誤ったかしれない。そのいくつかの実例を以下に示すことにしたい。

『論衡』にみえる「越裳」と「白雉」

まず紹介したいのは、後漢の王充が編んだ左の『論衡』である。

周時、天下太平にして、越裳、白雉を献じ、倭人、鬯艸を貢す。（巻八・儒増篇）

暢草は倭より献ず。（巻一三・超奇篇）

成王の時、越常、雉を献じ、倭人、暢を貢す。（巻一九・恢国篇）

右は内容の上から二つに分けて考証する必要があろう。一つは「越裳（越常）」と「白雉」、他は「倭人」と「鬯艸（暢草）」である。

初めに「越裳」と「白雉」のことを取り上げることにしたい。その越裳については『後漢書』南蛮列伝に「交阯の南に越裳国あり。……」と記しているが、実は前漢の伏勝が編んだ『尚書大伝』（四巻）の文をそのまま掲載したものであった。長文のため大略を述べよう。

周の初代武王は殷（商）を討って建国するが、弟の周公旦は大きな力となって兄を助けた。その武王が崩じて子が幼少のため、周公は摂政を六年間つとめ、制度礼楽を定めて多くの事績をつんだ。それにもかかわらず王位につかず、第二代として子の成王を即位させ、王位を譲り合った美談が記されている。その成王時の善政を慕って来貢した好例として、遠い南蛮の越裳国から白雉の献上があったというのである。

『尚書』は夏・殷・周の三代の歴史を編修したものであるが、王位を奪い合う世にあって、周公の人としての徳性を後世に伝えたいため、あえて逸話として挿入した感がないでもない。紀元前一一〇〇年ころの周代初頭に、現在のベトナム南部に越裳国というものがあったのであろうか、またその南蛮から来貢までしたかどうかという疑問が、頭をかすめるからである。

ところが越裳国というものは実在していた。唐の『通典』（巻一八四）日南郡驩州の項を見ると、「古越裳氏の国、九訳を重ぬる者なり」、すなわち極めて遠い所から来貢したという文につづけて、

秦は象郡に属し、漢は九真郡に属し、呉は九徳郡を分置し、晋・宋・斉は之に因り、隋は驩州を置き後に日南郡となし、大唐は驩州、或は日南郡となし、県四つを領す。九徳（旧晋県）越裳（旧呉県）懐驩・浦陽（旧晋県）

秦始皇帝は南海・桂林・象郡（現在の広東・広西）を領有していたが、その象郡は後の合浦郡に属するものであった。崩後、南越王に略奪されたりするが、前漢武帝の征討

で元鼎六年（前一一一）に南海・蒼梧・鬱林・合浦・交阯・九真・日南・珠厓・儋耳の九郡が定められる。そのときの漢の九真郡・日南郡はベトナムに属し、唐では日南郡と改まり、越裳国はその地域にあった。

右のことから二つの疑問が生じる。その一つは、前漢武帝の遠征によって越裳国の地は領有されたのに、時代をはるか遡る周の第二代成王時に朝貢したということを、信じることができるのであろうか。

その二つは、越裳国という国名が越人の血をひくことによるものであったならば、越が滅亡して南下亡命したのは時代の下った戦国時代で、周代に越裳国の存在は考えられないからである。実はそのことで付言しておきたい重要なことがある。

拙著『古代中国と倭族』（中公新書、二〇〇〇年）でも紹介したことであるが、かつて広州の中山大学を訪れた時、歴史学系の先生たちに迎えられての歓談の際、倭人の「倭」の古音は「ヲ」wo であったと聞かされた。その時の感激は大きかった。それは「倭」が越人の「越」の古音「ヲ」wo に通じることに気づいたためである。物部一族の名門で愛媛県の越智国造をはじめ、越智姓の人たちの「越智」（ヲーチ）は、今でも古音のまま伝えているのである。

中国では古くから類似した音の漢字は簡単に代えられる。つまり「越」は「倭」の類音異字にすぎず、「越」を「ヱツ」と発音するようになったのは漢代以降のことで、戦国時代までは「ヲ」といい、そのことは越人が倭人であったことを示し、また越王は入れ墨をしていた。

その越人の本拠地は浙江省紹興市の地であった。彼らは春秋時代末に呉を滅ぼし、江蘇省と山東省の一部にまで領域をひろげるが、戦国時代末に楚に討たれて滅び、大挙して南方に向けて亡命した。そして浙江省に残留した越人は「於越」と呼ばれ、福建省では「閩越」、広東・広西では「南越」（揚粤）、ベトナムは「越南」と称された。さらに長江流域に分布する倭人たちに対して「百越」という呼称まで生じた。「百」はたくさんの意である。

以上のことで明らかなように、越裳国人が南下してベトナムに住みついたのは、時代的に越が楚に討たれて滅亡した紀元前三三四年以降でなくてはならないことになる。それなのに、紀元前一〇〇〇年より前の周代初頭に越裳国が白雉を献上したという話は、どのように考えても理に合わないことである。

その白雉は瑞鳥とされ、文献史料として越裳国からの確かな貢租の初見は、前漢末の平帝紀にみえる『漢書』の左の記事である。

元始元年（紀元一）春正月、越裳氏、重訳して白雉一・黒雉二を献ず。使いに詔して三公、宗廟に薦む。

右の「重訳」とは甲の国語を乙の国語に翻訳し、それをさらに丙の国語にと、幾重にも翻訳することである。また「三公」は前漢時代の官名で、『通典』（職官典・三公）に「漢は丞相・大司馬・御史大夫を以て三公となす」とみえる。

前漢時代に東夷・南蛮・西南夷などを平らげ、匈奴をしりぞけ、西域諸国との交易の道を開いて、一大文化の華を咲かせたのは、第七代武帝の功績によるものであった。そこで各地から数多の貢納品がもたらされたと思うが、多過ぎて省略したのか『漢書』に記されていない。それがどうしたはずみか、前掲のごとく漢末の平帝紀に白雉の献上がみえる。

その白雉のことを周代初頭の逸話として利用したものと考えられる。『太平御覧』（巻九一七・羽族部四）に引用の「春秋感精符に曰く、王者の徳は四表（四方のはて）に流れ、則ち白雉見わる」とあるごとく、周公の徳望を後世に伝えることが目的であったとみてよかろう。

「倭人」と「鬯艸」のさすもの

つぎに問題は「倭人」と「鬯艸」のことである。前掲の『論衡』には、周の第二代成王のとき倭人が鬯艸を献上したとある。まずその「倭人」を日本人だとしたら、どうなるかを見てみよう。

後に考証するごとく、わが国が中国へ朝貢したのは、後漢の初代光武帝の建武中元二年（五七）、「春正月辛未、東夷の倭の奴国王、使いを遣わして奉献す」とみえるのが初めである。それは邪馬台国以前のことで、九州北部の奴国からの入朝であった。

ところが『論衡』の記事を認めると、周の成王は紀元前一一〇〇年ころの王で、わが国では縄文時代にあたり、縄文人が中国の王朝に入貢したことになる。そのため先学者たちは手も足も出ず、この問題は不問に付して口を閉じた。

さらに「鬯艸」そのものの解釈にも問題がある。まず『説文解字』をみると、

鬯は𩰪（黒黍）を以て鬱艸（かおりぐさ）もて醸し、芬芳（香ばしいかおり）攸服（やわらか）、以て神を降ろす。

とある。そして多くの注釈がすべて黒黍を原料とし、香ばしい鬱金草をまぜて醸した酒を鬯といい、その酒を地に垂らして神を降ろすのに用い、あるいは賓客に供するものとした。つまり、「鬯」は香酒の名で、薫り草には鬱金草を用いるというのが一般の解説である。

そして『漢書』宣帝紀の神爵四年（前五八）春二月の条に、「鬯を薦むる夕、神光交錯す（入り乱れる）」とみえ、顔師古の注にも鬯を香酒としており、実際に酒であろう。

しかし時代を遡って、『周礼』（春官・鬯人）に、

鬯人、秬鬯を共えて飾ることを掌る。

また『礼記』（表記）に、

天子親耕、粢として秬鬯を盛り、以て上帝に事う。

右の「粢」とは、神への供物としての穀物のことであるが、その「秬鬯」を後世の見解で秬は黒黍、鬯は香酒と解してよいのであろうか。周末に春秋時代・戦国時代の長い乱世がつづき、その間に不明になったのではなかろうか。『論衡』には「鬯艸」とあっ

て、それは酒ではなく植物でなければならない。

ところが清の『山海経箋疏』には「鬯艸」を「霊芝」だとしている。それは万年茸の一種で、不老長寿の瑞草とされていた。古代の王たちの悲願はいかにして延命を計るかにあった。その妙薬の霊芝こそ酒に入れられたとみるべきであろう。ところが日本に霊芝は産しない。したがって問題の倭人は日本人ではないことになる。

霊芝（雲南、玉竜雪山）

では、その倭人はどこに居住していたのであろうか。その手がかりとして、『本草綱目』で霊芝の産地を見ることにしよう。それによると、(1)浙江省天台県の四明山、(2)河南省汲県の黄山、(3)四川省巴県の西方辺境の山の石崖上とある。

まず(3)から取り上げたいが、巴県は現在の重慶市のあたりで、長江の中流域に位置し、倭族に属する巴国のあった地である。その巴人のことが梁の『文選』（巻六・魏都賦）に、「或は膚を鏤して髪を鑽り、或は明発して耀歌し」とみ

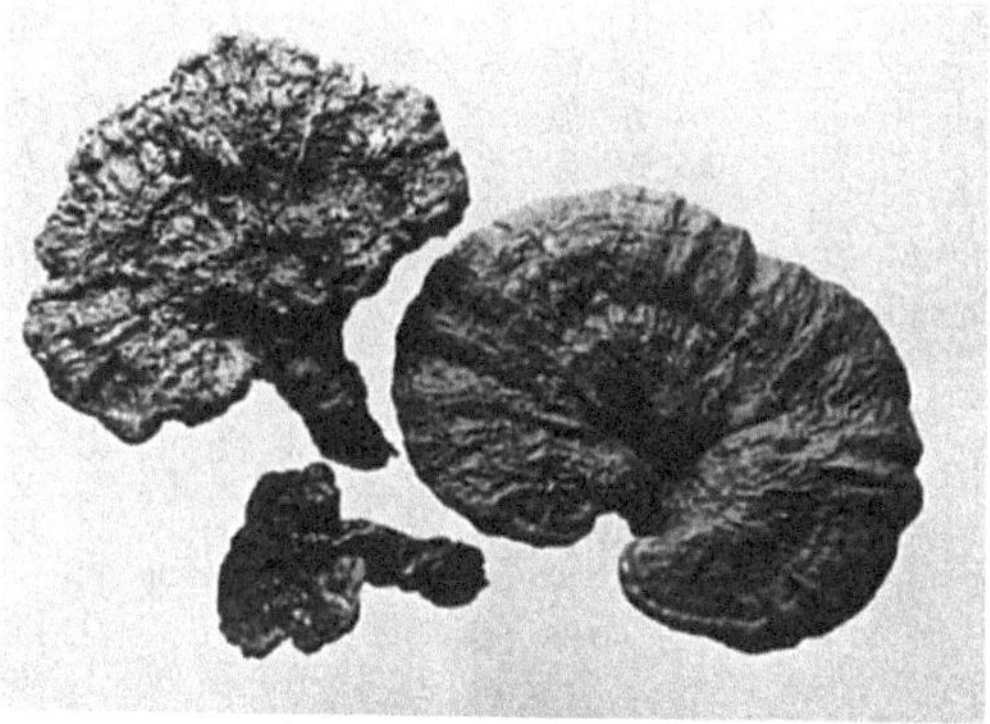

え、倭人の習俗である文身・断髪し、夜明けまで歌垣をしていたことが記されている。

その巴国の西方にあたる長江上流に、チベット高原から雲南省西北端にかけて、五〇〇〇メートル以上の高峰が並ぶ横断山脈が伸びている。その山脈の南端、麗江地区に五六〇〇〇メートルの玉竜雪山がある。四時雪を冠するその高山が有名な霊芝の産地だという。そこで前掲の『本草綱目』が記す(1)(2)の場所は、行者によって後世に移植された山とみてよかろう。

実は巴国のあった重慶市までを長江といい、それから上流は名を変えて金沙江と称される。その本支流には数多の倭族が分布していた。参考のため『後漢書』に見えるそれら倭族の名称を示したのが左ページの地図である。それによると、黄河中流域の王朝と関係があったと想定される強国として、巴国のほか四川省成都市に蜀国の存在していたことがわかる。その蜀の西方にも高山が並立しており、霊芝の産地であったとみてよかろう。

その蜀国については言及しておかなければならない重要なことがある。一九八六年に成都市の北約四〇キロの所で、世界の考古学界を驚倒させた三星堆遺跡が発見された。紀元前十六世紀ごろに構築された城郭の総面積は約三五〇〜三六〇万平方メートル、その南城壁の近くで発見された一号坑（前十四世紀・殷代中期）・二号坑（前十一世紀・殷代後期）から数多の青銅器・黄金・玉器・象牙など約四〇〇〇点が出土した。

同遺跡については拙著『古代中国と倭族』で詳細に考証しているので参照されたく、

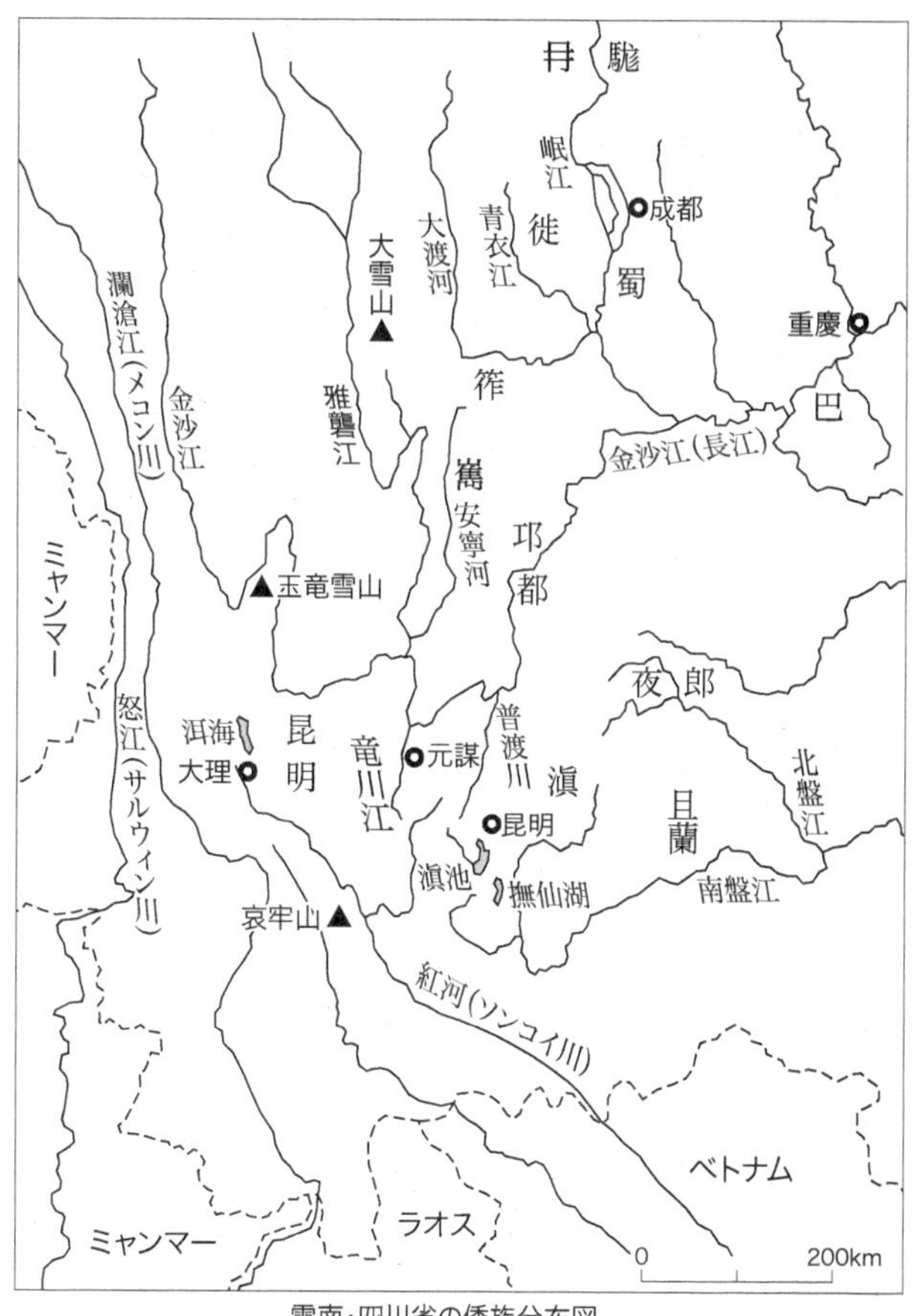

雲南・四川省の倭族分布図

ここでは簡略に本書と関連する結論だけを述べることにしたい。

私見では三星堆から成都市周辺におよぶ遺跡を前期・後期の二期に分け、前期の羌・氐と称されたチベット族の王国に対し、紀元前七世紀ごろの春秋時代中期に始まる後期を、蜀国の成立した時とみた。そして戦国時代の紀元前三一六年に、蜀国は巴国とともに秦によって滅亡したものと考えている。したがって周の第二代成王のとき、倭族である蜀国・巴国ともに、鬯艸を献上したことはあり得ないことになるのである。

以上のことで判明したように、前述した南蛮の越裳国と同様に、周の第二代成王のとき倭人が鬯艸を献上したということも、叔父の周公旦と甥の成王とが王位を譲り合った美徳を、後世に伝えるための逸話にすぎなかったことになる。

それにしても『論衡』にみえる倭人が日本人をさすものでなく、中国四川省の巴国か蜀国の倭人であったことを知っていただきたいのである。

西南夷としての「倭族」の離散と移住

このほか『後漢書』(巻九〇)列伝・鮮卑の条に「倭人」がみえる。まず左にその記事を紹介しよう。

光和元年(一七八)の冬、田畜(田を耕し家畜を飼う)・射猟も食を給するに足らず、檀石槐すなわち自ら徇行(巡行)し、秦水を見るに広従(東西)数百里、水は停りて流れず、その中に魚あるも得ること能わず。聞く、倭人は網捕(網で魚を捕える）を善くすと。是に於いて東して倭人の国を撃ち、千餘家を得、徙して秦水の上に置き、魚を捕え以て糧食を助けしむ。

右の文にある「倭人」も日本人とみる既定観念に捉われて意味が通ぜず、誤伝として無視されてきた。果たしてそうか、考証してみることにしよう。

光和の年号は後漢末のことで、檀石槐は後漢時代の鮮卑の部族長である。種族の人口が増えながら、食糧は不足がちになった。しかも居住する甘粛省の秦水河の流れが止まり、魚を捕えやすくなったが、狩猟人である彼らには漁獲はむつかしい。ところが倭人が網漁にすぐれていることを聞き、東方の倭人の国を討伐して千余戸の人を連れ帰り、魚を捕獲させて食糧の不足を補ったという内容である。

鮮卑は北方民族の東胡の別れといわれ、後漢時代が彼らの隆盛期であった。そして次第に中国の領域に南下し、ついに北魏（三八六～五三四）を建国し、洛陽に都するまでになる。

ところで、前掲の記事の秦水は甘粛省清水県、すなわち甘粛省南部の東端を流れる川である。後漢末には檀石槐が率いる鮮卑が、その辺りを本拠地にしていたのであろう。そこから日本列島の倭人を討伐することは、常識として考えられない。また次節で詳しく紹介するが、長江下流域を越えて北上し、江蘇省・安徽省・山東省に進出分布した倭人もいたが、それにしても距離的に遠すぎて認められないであろう。

そこで当然、四川省北東部か陝西省南西部にいた倭人を攻めたものと思われる。もちろんその地は倭人の原住地ではないが、倭人がそこに移り住んでいた可能性は十分に考えられるのである。

前節で西南夷としての倭人の国の分布図を紹介したが、四川省で蜀・巴・冄駹・徙・筰・巂・邛都、雲南省では滇・昆明、貴州省で夜郎・且蘭の国があった。このうち滇国を「滇越」、巂を「越巂」とも称し、既述した「越」が「倭」を意味したことからも、それらは倭人の王国であったことがわかる。

それらの王国の運命を大きく狂わせたのは前漢の武帝であった。武帝は中央アジアの高度な文化を摂取したいために張騫を派遣したが、帰国した張騫は、北路は危険が多く、四川省・雲南省の地からミャンマー、インドを経る南路を進言した。そこで試みに駹・冄・徙・邛の地から、それぞれ使者が遣わされた。ところが北方では氐（チベット族）と筰国、南方では巂国で道をふさがれ、昆明国では使者が殺されもし、目的地に行き着いた者がなかった。

それでも武帝は南路開拓の夢の実現を計るため、倭族の国々を漢の領土にすべく駹・筰・邛都・且蘭の王を殺して滅亡させ、漢帝国の版図にした。滇国と夜郎国は大国であったが南路からはずれ、しかも降服して入朝することを申し出たので、漢の領有としながら独立を認めた。

しかし中央アジアの入り口となっていた昆明国は、再三の攻撃をうけて国を失いながら、強硬なゲリラ戦で反抗をつづけた。そのため武帝はついに南路を放棄し、いわゆるシルク・ロードの北路を選ばざるを得なくなったのである。

武帝による無謀な侵攻で多くの国が滅亡し、多数の倭族が僻地に逃避し、あるいは亡命した。この時ほど倭族が四方に離散した事件はなく、南ではミャンマー、タイ、ラオス、カンボジアの国民が倭族なのは、このとき大挙して国境を越えて逃れたことによる。

また王が殺され国が滅亡したのは四川省がもっとも多かったが、逃れるとなると四川省東北部から甘粛省・陝西省南部の山岳地帯へ向けてであったであろう。さきの鮮卑に討たれて連れ去られた倭人とは、それらの地に逃避して住みついていた者たちであったとみてよい。それにしても千余戸とは中国式誇張で、一つの集落ぐらいであったと考えるべきであろう。

なお彼らを「倭人」という呼称で表現していることは、数少ない事例として注目に価する。参考のため、その「倭人」の呼称がごく最近まで用いられていた事例を紹介しておこう。

今から三、四十年前まで「首狩り」をつづけ、恐れられ蔑視されて「倭」と呼ばれていた部族が、雲南省とミャンマーの国境に沿う両地の山岳地帯に住んでいる。ミャンマー側では今でも「首狩り」をつづけているともいわれる。

その山岳地帯に第二次大戦の終わりごろ国民党が逃げこんでいたため、終戦後に中国政府は残余部隊の掃討と、「倭」と呼ばれる部族の宣撫（せんぶ）を目的に、まず工作隊を派遣した。そして一九五〇年五月に中国人民解放軍が進駐し、一九五四年六月に少数民族による自治県が初めに孟連(モンレン)地区で成立した。

実は工作隊員であった人から聞いた話であるが、孟連の市場には村々の少数民族が産物を売りに来ていたが、「倭」と呼ばれる村の女には真っ裸の者もいて、どこの村の者だとわかったという。またある村の村長宅で娘が裸なので、「なぜ衣服を着ないのか」と尋ねたところ、布地が麻のためか「着ると体が痒(かゆ)くなるから」といった。裸体であることの恥ずかしさがなくなっていたのである。

それほど文化的に低かったため、彼らは他部族から「倭」と呼ばれていた。しかしそれが蔑称のため、自治県の成立後、公称として漢字の「佤(ワ)」に改められたという。もちろんミャンマーの同族は現在でも「倭」のままである。

ところがタイ国の北部にも同族がいて、早く「首狩り」を止め、仏教寺院も建てる小王国を形成していたことから、正式の名称として今でも「ラ・ワ」La-wa と呼ばれている。「ラ」は文化的なことの意である。

その「倭」と称される彼らが、カンボジアでアンコール・ワットの寺院を建てたクメール帝国の人たちと同族であったとなると驚かれるであろう。雲南から亡命して南下するとき、なぜか山岳地帯にとどまったのが、「倭」と呼ばれてきた人たちである。

『山海経』にみえる東夷としての「倭族」

もう一つ『山海経(せんがいきょう)』(海内東経)に見える左の記事を取り上げることにしたい。

蓋国は鉅燕の南、倭の北に在り。倭は燕に属す。

右の「蓋国」は『漢書』地理志（第八上）の漢が置いた泰山郡蓋県にあたり、山東省のほぼ中央、沂水県の西北にあった小国で、戦国時代には山東半島の北部を領していた斉に属していた。

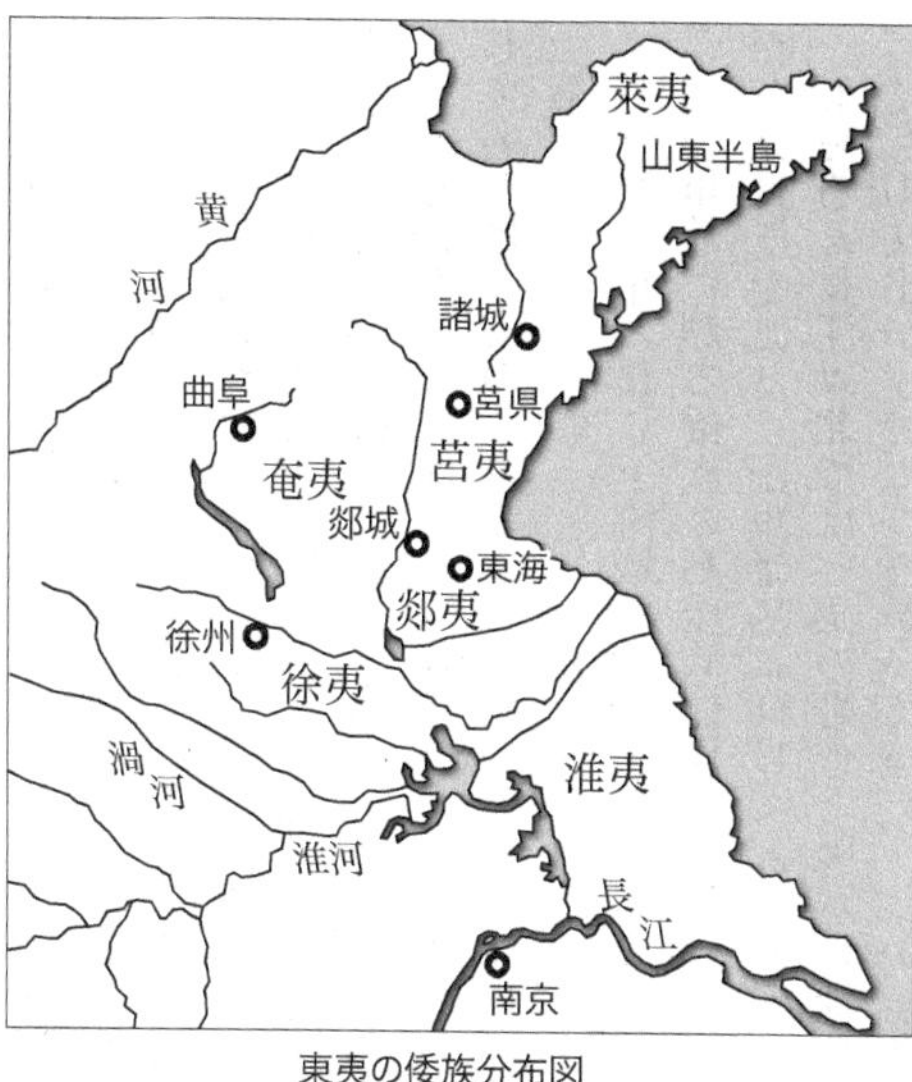

東夷の倭族分布図

また「鉅燕」の「鉅」は大きいの意で、戦国時代に七雄の一つとされていた大国の燕のことである。その燕は北京のある河北省から渤海に臨む遼寧省、さらに朝鮮半島北部を領していた。

その燕・斉の領域からみるとき、右の記事には作為が認められる。山東省の中央あたりで斉の治下にあった蓋国を、斉を無視して燕の南にあるというのは、大国としての燕を強調しようとした表現だといえよう。またその蓋国が倭の北にあるというのは、後述の考証でわかるように地理的には符合するが、その倭が燕の属国であったというのも、同じく道理に合わないことである。

しかしそれらのことはさて措き、右の記事で倭が山東半島の中央部より南にいたということの是否について、これから考証に入ることにしたい。

再三述べるように、「倭人」を日本列島の日本人に限定して考えていた立場からは、もちろん右の記事は不可解なものとされ、これまで打ち捨てられてきた。しかし「倭人」の呼称が、長江流域を原住地として各地に移動分布した民族に対し、漢族が卑称として名づけたものであることを認めると、その立場から改めて究明しなければならないであろう。

一九七三年、長江下流域の浙江省の東北部、余姚江に沿う河姆渡遺跡で、今から約七〇〇〇年前に遡る倭族の高床式住居と、稲作文化のあったことが判明した。さらに倭族たちは長江を渡り、山東半島に向けて北上した。

もちろん長江以北では、粟の畑作と竪穴式住居を特質とする黄河系の大汶口文化、つづく竜山文化がすでにひろがっていた。しかし北上した倭族たちは江蘇省で淮国、安徽省で徐国、さらに山東省では郯国・莒国・奄国・萊国などを築いた。彼らは東夷と称されたが、その間の軌跡を簡略に紹介しよう。

江蘇省南部の長江の河口に近い海安県青墩の遺跡では、五〇〇〇年前の籾殻が出土した。また南京市の対岸の廟山遺跡からも、同じく五〇〇〇年前の陶器の蓋に稲籾の圧痕があった。

そして安徽省では、西南の含山県の仙踪遺跡で四〇〇〇年前の稲籾が出土し、また北の淮河に沿い徐国の都に近い五河県濠城鎮の遺跡からは、炭化した土中から焼けた稲籾が見つかり、新石器時代晩期のものとされている。

さらに郯国の領域であった江蘇省北端の東海県焦荘の遺跡では、下層に周代早期の集落と墓地があり、石器・骨器・銅器・木製紡錘車などとともに炭化米が発見された。

さらに文献として『史記』周本紀をみると、紀元前一一〇〇年ごろの第二代成王の条に、

成王、東して淮夷を伐ち、奄を残し、その君を薄姑（山東省博興県の東北）に遷す。

とある。淮国と奄国は周によって滅ぼされたのかもしれないが、周以前に淮・奄はもちろん、その他の倭族の国も成立していたものとみてよかろう。

それら倭族の国々は、周に討たれ、斉に攻められ、最後には呉によって滅ぼされる。その呉も春秋時代の終末（前四七三）に南の越に攻略されて滅びる。このように山東省の中央部以南から江蘇省・安徽省にかけて、そこは倭人の領域として多くの国があった。したがって山東省の中央あたりにあった『山海経』の蓋国が、倭の北辺に位置するという表現は正しかったことになる。

しかしその倭の国が燕に属していたというのは、他の文献史料にも見られないし、前述したように、大国の燕を強調するための作為的表現であったことがわかる。それにし

ても『山海経』が記す倭人の存在は、上述のごとく認められてよいのである。

「倭国」から「日本」へ

最後に、同じ倭族の呉に討たれた前節の倭の国々は、もちろん呉の領民となったが、その呉も春秋時代末、越によって滅ぼされた。彼らがその後どのような運命を辿ったかをみることにしよう。

彼らは南方の越に討たれたので、南へ逃れることはできなかった。さりとて西には非倭族である強国の楚(そ)がおり、北には朝鮮半島の北部まで領有する同じく非倭族の燕がいて、しかも平壌(ピョンヤン)近くまで要塞(ようさい)を築いていた。そこで朝鮮半島の中・南部へしか亡命することができなかった。

もちろん朝鮮半島には先住民として北方民族の濊(わい)族・貊(ばく)族がいたが、彼らを制しながら半島中央部で最初に辰(しん)国を建てた。その後に三韓、すなわち馬(ば)韓(かん)・辰韓(しんかん)・弁韓(べんかん)(弁辰)に分立する。そしていつしか彼らは韓族と称されるようになる。

ところが『後漢書』の馬韓の条に、「その南界は倭に近く、また文身する者あり」とみえ、弁辰の条にも「その国は倭に近く、故(ゆえ)に頗(すこぶ)る文身する者あり」と記されている。ここで「倭」と呼ばれた者たちは朝鮮半島の南端、『三国志』(2、七六ページ)や『後漢書』(2、五〇ページ)に見える「狗邪韓国(くやかんこく)」の住民のことである。

呉の滅亡で同じように亡命してきた同族の韓族は、中国に入朝して影響をうけ、文身の習俗を早くに廃したものとみられる。それに対し半島南端の狗邪韓国の住民はなお文身の因習を伝え、そのため同族の韓族から蔑視されて、「倭」という卑称で呼ばれたのであろう。

ところが『三国志』（12、一〇九ページ）、『後漢書』（4、五四ページ）では、日本列島に渡来した者たちについても、「男子は大小となく皆黥面・文身す」と記し、『晋書』（4、一四五ページ）には、「男子は大小となく、悉く黥面・文身し、自ら太伯の後と謂う」とみえる。海洋で隔てられている日本列島では、顔面に入れ墨をする黥面の旧習まで残っていた。なお太伯とは呉の始祖とされている者で、日本列島の住民が呉の遺民であると自称していることを述べたものである。

日本列島の住民の黥面・文身を韓族からみると、さらに低俗な民族として映ったであろう。その習俗のことは韓族から楽浪郡・帯方郡の役人にも話され、さらに後漢朝・魏朝・晋朝にも伝えられていたとみてよい。そのため各史書には、わが国のことが「倭」「倭人」「倭国」という卑称で記されることになったのであろう。

そのことで、わが国が中国の王朝に入貢した最初の時、すなわち『後漢書』（8、六二ページ）にみる左の記事に注目されたい。

建武中元二年（五七）、倭の奴国、貢を奉りて朝賀し、使人は自ら大夫と称し、倭国の極南界なり。光武は賜うに印綬を以てす。

右は後漢朝の初代光武帝の崩御の一ヵ月前のことである。文中の「極南界」とは、北を朝鮮半島南端の狗邪韓国とし、南端を北部九州の奴国としたためで、それが倭国の領域とされたのである。

そのとき授与された金印にも「漢委奴国王」（漢の倭の奴国王）と刻まれており、『旧唐書』東夷伝にも「倭国は、古の倭の奴国なり」とある。民族の自称としての国名は「奴国」であり、一般の慣行としても後漢朝は「奴国」を正式に認めるべきであった。それにもかかわらず、あえて卑称としての「倭国」を以てしたのである。

そして五十年後の二回目の朝貢でも、「安帝の永初元年（一〇七）、倭国王……」として「奴国」の称は消されている。さらに七十年ほど後の「倭国大乱」で、奴国が討滅されて大和の邪馬台国に政権が更迭するが、その女王卑弥呼の魏朝への遣使にも、「親魏倭王」としての金印が授けられている。

なぜ、奴国は後漢朝に、邪馬台国は魏朝に対し、自らの国名を認めるよう上奏しなかったのであろうか。その怠慢のために、その後も卑称としての「倭」「倭人」「倭国」が、わが国の正式な民族名・国名として定着したのであった。

しかしそれが卑称であることに耐えかねてか、「倭国」を「大倭国」にしたり、その倭国・大倭国の漢字を用いながら、本来の国名の「やまと」と訓むようにした。それにしても姑息な手段には限度があって、『旧唐書』列伝・東夷・日本国の条（5、二四九ページ）には、

　その国は日の辺に在るを以て、故に日本を以て名となす。或はいわく、倭国は自ら

その名の雅しからざるを悪み、改めて日本となすと。

とある。その「日本」という発想は、『隋書』大業三年（推古朝十五年）にみえる国書、すなわち「日出ずる処の天子、云々」にもとづくものであろう。

その「日本」も当初は「やまと」と訓んでいたが、国名として定着するにつれて「にほん」となった。そして「大倭国」は地域的に限定されて、「畿内の大倭国を改め、大和国となす」（『拾芥抄』）とした。それは奈良朝に入った孝謙朝の天平勝宝年間（七四九～七五七）のことであった。

各史書の倭人・倭国伝

凡例

一、各史書の配列は撰修された時代順でなく、王朝の順とした。例えば『三国志』が編まれたのは『後漢書』より早いが、『後漢書』を『三国志』の前に置いたごとくである。

一、各史書の原文を内容の上から細かく段落に分け、ゴシック体の通し番号を付した。原則として新字体に改め、句読点と返り点を加えた。

一、原文のあとに読み下しをつけ、さらに注解として各語句の意味を示した。その際、主に諸橋轍次著『大漢和辞典』を参照した。

一、最後に解説（＊印の箇所）をもって、学術的に詳しく分析・考証した。

漢書

『漢書』は班固が漢の高祖から王莽に至る前漢一代の史実を十二帝紀・八表・十志・七十列伝として撰録したものである。

彼は後漢の光武帝建武八年（三二）に生まれ、『史記』の続編を手掛けていた父班彪の遺業をついで完成した一書を明帝に奉ったところ、史実を歪めたことを理由に讒訴されて投獄された。しかし弟などの弁明で許され、帝はその学才をめでて、漢朝の蔵書を管掌する蘭台令史に任じ、約二十年間務めた。

ところが永元（八九～一〇五）初年、親戚の大将軍である竇憲が匈奴の討伐に赴くにあたり、班固を中護軍・参議とした。しかし戦に敗れて竇憲は自殺を命じられ、班固は獄につながれ六十一歳で獄死した。

その死後、八表と天文志を補うために妹の班昭、ついで馬続が命ぜられて完成した。詳しくは『後漢書』（巻四〇）班彪・固列伝を参照されたい。

（巻二八）地理志・第八下

1楽浪海中有二倭人一、分為二百餘国一、以二歳時一来献見云。

楽浪の海中に倭人あり、分かれて百餘国をなし、歳時を以て来たり献見すという。

〈楽浪〉前漢の武帝が朝鮮を滅ぼして設置した郡で、郡治は現在の平壌。『漢書』地理志・第八下の他の箇所に「楽浪郡、武帝元封三年（前一〇八）に開く。県二十五」とみえ、『後漢書』東夷伝には「元封三年、朝鮮を滅ぼし楽浪・臨屯・玄菟・真番の四郡を分置す」とある。〈百餘国〉「百」は数の多いことの比喩的表現。わが国のことは前漢時代にはいまだ明らかでなく、朝貢したという事実はない。入貢した文献の初見は後漢朝の初代光武帝の建武中元二年（五七）のことである。『後漢書』8、六二ページ参照。〈歳時〉毎歳の四時。〈献見〉物を献上してまみえる。

＊班固（三二～九二）が後漢時代に撰した『漢書』地理志の右記事は、後の各史書が載せる倭人伝の冒頭に影響を及ぼしている。左に参照のため古い順に示してみよう。なお『漢書』は『前漢書』ともいう。

(1)『三国志』魏志・東夷伝・倭人

倭人は帯方東南の大海の中に在り、山島に依りて国邑をなす。旧百餘国、漢時に朝見する者あり、今使訳の通ずる所は三十国なり。

ここで注目すべきは「楽浪郡」が「帯方郡」に変わっていることである。それは後漢末に改められ、魏の歴史を記す『三国志』のため「帯方郡」とする。また「今」とは三国時代の魏との通交のことで、「三十」の数は後述を参照されたい。

(2)『後漢書』列伝・東夷・倭

倭は韓の東南の大海の中に在り、山島に依りて居をなし、凡そ百餘国なり。武帝の朝鮮を滅ぼしてより、使訳の漢に通ずる者三十許の国なり。

宋代に范曄が撰したもので、前記の『三国志』の影響を大きく受けている。「帯方」を「韓」としたのはよいが、「武帝の朝鮮を滅ぼしてより」と加筆し、前漢時代から倭国の入貢があったとして、大きな間違いを犯した。

(3)『晋書』列伝・東夷・倭人

倭人は帯方東南の大海の中に在り、山島に依りて国をなす。……旧百餘の小国ありて相接し、魏の時に至り、三十国ありて通好す。

唐の房玄齢らが撰したものである。注目すべきは、これまでの各書では漢代から倭国が入貢したと記すのに対し、それを略したのか、邪馬台国が魏朝に入貢したことに重点をおいている。

(4)『宋書』列伝・夷蛮・倭国

倭国は高驪東南の大海の中に在り。

梁の沈約の撰になるが、地名として初めて国名の「高驪」(高麗)で示している。

(5)『隋書』列伝・東夷・倭国

倭国は百済・新羅の東南に在り、水陸三千里、大海の中に於いて山島に依りて居う。

魏の時、訳の中国に通ずるもの三十餘国。

唐の魏徴らが撰をしたが、「高驪」を除いて「百済・新羅」としたのは方位的に正しい。しかし倭国の入貢が『晋書』と同様に魏朝に始まるとするが、別の箇所で、正しく後漢朝の光武帝の時から朝貢したと記し、統一のないのが欠点である。

(6)『北史』列伝・倭

倭国は百済・新羅の東南に在り、水陸三千里、大海の中に於いて山島に依りて居う。魏の時、訳の中国に通ずるもの三十餘国。

唐の李延寿の撰であるが、さきの『隋書』と同文である。それは伝えられていた同じ文書を、両者がともに原典として書写したためと考えている。

以上は『漢書』の影響を受けた各史書の冒頭の文を列挙したものである。そのために幾多の誤りを犯すことになった。

もっとも大きな問題は、前漢時代の倭国に「百餘国」があったと記し、その「三十国」が入貢していたとしていることである。最初の「百餘国」のことであるが、その「百」は実数を示すものでなく、数の多いことの比喩的表現にすぎない。また使者と通訳の往来したのが「三十国」あったと記すのも同じである。「三」は多数とともに無限をも意味するものである。

次の問題は、倭国が初めて中国に入貢した時期であるが、前漢時代に遣使した事実はない。海を隔てた日本列島はまだ未知の国であった。『漢書』の文末に「という」とあるのも、伝承の確かでないことを示す。

ところが『三国志』『後漢書』は『漢書』を受け入れて、漢時から入貢していたとする。それに対し『晋書』以降は、朝貢を魏朝からとしているが、それも誤りである。実際は後漢朝の初代光武帝の建武中元二年（五七）に、北部九州の奴国が遣使し印綬を授与されたのに始まる。

ところが後漢朝の中頃から政情が不安となり、ついに霊帝の光和（一七八〜一八四）年中に海を隔てた倭国でも大乱が起こり、奴国が大和の邪馬台国によって討滅される。そして後漢朝が滅んだ後の魏朝の景初三年（二三九）に、邪馬台国の女王卑弥呼が朝貢し、金印紫綬を授けられる。しかも間もなく魏も滅んで晋が興り、初代武帝の泰始二年（二六六）、邪馬台国からの即位慶賀の遣使を最後として、その後約百五十年間、中国の王朝との政治的関係が断絶する。

実は『宋史』外国伝・日本国の条に、左のような記事がみえる。

日本国は、本倭の奴国なり。……後漢より始めて朝貢し、魏・晋・宋・隋を歴て皆来貢す。

この『宋史』は時代を降った元代の編修になるが、わが国と中国との関係を文献と史実により、正しく記録した初めての史書であるといえよう。それにしても、信頼し切っていた中国の史書の誤りの多さに驚く。学術的考証の入念さの必要なことを痛感するのである。

後漢書

『後漢書』の本紀十巻・列伝八十巻は宋代の范曄が撰したものである。東晋の安帝隆安二年（三九八）の生まれで、尚書吏部郎などを務めたが、宋の文帝元嘉元年（四二四）に宣城太守に左遷された時期、『後漢書』の編修にかかる。ところが元嘉二十二年（四四五）、魯国の孔熙先らと謀反を計ったことが告発されて死刑に処せられた。

彼以前に『東観漢紀』のほか七家による『後漢書』類があったが、彼は『東観漢紀』を主に典拠にしたという。しかし獄にあって予定の十志が編めず、現在『後漢書』にみる志三十巻（律暦・礼儀・祭祀・天文・五行・郡国・百官・輿服の八志）は晋の司馬彪の『続漢書』によって、また本紀十二巻と列伝八十八巻は唐の章懐太子の注によって補われた。『後漢書』は『史記』『漢書』『三国志』と合わせて四史が正史とされたが、同書の倭伝には『三国志』を参考にした形跡が認められる。

（巻八五）列伝・東夷・倭

1 倭在二韓東南大海中一、依二山島一為レ居、凡百餘国。自二武帝滅二朝鮮一、使駅（訳）通二於漢一者三十許国、国皆称レ王、世世伝統。其大倭王居二邪馬台国一。

倭は韓の東南の大海の中に在り、山島に依りて居をなし、凡そ百餘国なり。武帝の朝鮮を滅ぼしてより、使訳の漢に通ずる者三十許の国にして、国は皆王と称して、世世伝統す。その大倭王は邪馬台国に居る。

〈韓〉後漢時代の韓は馬韓、辰韓・弁韓の三国に分かれていた。〈山島〉山から成った島。〈百餘国〉『漢書』1、四三ページ注参照。〈武帝〉前漢の第七代の王。東夷・南蛮・西南夷を平らげ、匈奴なども斥け、中央アジアと交流する道も開き、王朝文化を開花させた。〈朝鮮〉古朝鮮はもと遼河一帯を領有していた国であったが、秦のとき遼河の地を失って半島内に南下した。しかし衛満によって古朝鮮は約九百年で滅んだ。その衛満は平壌に都するが孫の右渠のとき、漢の武帝の征討をうけて元封三年（前一〇八）に三世で亡ぶ。その後、馬韓・辰韓・弁韓の三韓に分立する。〈使訳〉使者と通訳。「使駅」と表記する史書も多いが誤写である。〈三十許国〉数の多い比喩の「三」にもとづくもの。「許」は、ほど、ばかりの意。〈邪馬台国〉大和国にあった王国の名で、女王卑弥呼が治めていた。

*冒頭の文は『漢書』地理志および『三国志』魏志・倭人伝の影響をうけてつくられたもので、それぞれの史書を参照されたい。したがって前漢武帝の時から倭国が入貢した

ということや、また百餘国とか三十ほどの国があったということも事実に反する。

ここで注目されるのは「大倭王」という新しい表現である。それは漢に入貢する国が三十ほどあり、それぞれに王があるという文を受けて、その中で最大の邪馬台国を強調しようとして、その王に「大倭王」という用語をもってしたのであろう。

もちろん、ここでは大和国にある邪馬台国をさし、大倭王は女王卑弥呼のことである。しかし『後漢書』で「邪馬台国」という語は、この一ヵ所でしか用いられていない。

2 楽浪郡徼、去其国万二千里、去其西北界拘（狗）邪韓国七千餘里。其地大較在会稽・東冶之東、与朱崖・儋耳相近、故其法俗多同。

楽浪郡の徼は、その国を去ること万二千里、その西北界の狗邪韓国を去ること七千餘里なり。その地は大較会稽・東冶の東に在り、朱崖・儋耳と相近く、故にその法俗は多く同じ。

〈楽浪郡〉『漢書』1、四三ページ注参照。〈徼〉とりで〔砦〕。ここでは楽浪郡に派遣された太守のいる役所を指すとみてよい。〈狗邪韓国〉朝鮮半島の南部にあった弁韓の一部で、後に加羅または伽耶と称された地である。文身（入れ墨）などの古俗を濃く残し、弁韓人とも異なっていたことから、後漢時代には倭国の一部とみられていた。現在の金海を中心とした地。後述の建武中元二年の条（8）、六二ページ参照。〈大較〉おおむね。〈会稽〉浙江省西部の郡名で、現在の紹興の地。〈東冶〉福建省閩侯県の地名で、閩江下流の北岸にある貿易港。〈朱崖〉前漢が設置した海南島の郡名。珠厓。広東省瓊山県（海南島）の東南。〈儋耳〉前漢が設置した海南島の郡名。広東省儋県の西。〈法俗〉制度と習俗。

＊最初に見える「万二千里」は、後漢のとき朝鮮半島北部にあった出先機関の楽浪郡の役所から、大和の邪馬台国までの距離である。また邪馬台国の西北にあたる倭国の境界の狗邪韓国からの距離、七千餘里も示されている。

　ところで、ここで問題となる重要なことは倭国の地理的位置である。日本列島が会稽・東冶の東で、朱崖・儋耳に近い所、すなわち中国の浙江省・福建省の東方海上で、広東省の海南島に近く南北に縦に連なっているとみていたということである。なぜそのように考えたのか。しかしそれには理由があった。

　浙江省は越人の本拠地で、楚に敗れて福建・広東・ベトナムに南下亡命した。その「越人」が「倭人」の類音異字であることについては「序説」で詳述した。したがって福建省も亡命した越人の地であった。

　そこで、つぎに朱崖・儋耳の地を見てみよう。『漢書』地理志（第八下）に、

　合浦の徐聞より海に入り、大州を得、東西・南北、方千里なり。武帝の元封元年（前一一〇）、略以て儋耳・珠厓郡となす。

とある。広東省の合浦郡徐聞県は雷州半島の南端で、そこから瓊州海峡を隔てて海南島がある。その海南島を征して、取りあえず珠厓郡・儋耳郡と名づけたというのである。

海南島は香港よりもさらに南であるが、そこには黎族が住んでいる。彼らはもと貴州省の北盤江流域にいた夜郎族の一派で、傣族なども同族の倭族である。海南島に移住し、平野部で水稲農耕に従事していたが、後に非倭族の苗族が島に侵入してきて田地を奪われ、今では南部の山岳地帯に難を逃れて貧しく暮らしている。

その黎族について同じく『漢書』地理志に、「民皆、服布は単被の如く、中央を穿ちて貫頭となす」とみえ、古代日本と同じ倭族特有の一重の上衣である貫頭衣（4、五四～五七ページ注・解説参照）を着用し、稲を植えていたとある。

以上のことが理解できれば、日本の倭人と同族が住む浙江省や福建省の東側の海上に、日本列島が南北に連なっており、また同族のいる海南島も近く、風俗習慣が多くの点で同じであると記したのは、漢族として無理からぬことであったといえよう。

それにしても、日本列島の方位を狂わしたことで、後世の学者たちを大きく悩まし、邪馬台国九州説の論拠ともなった。しかし、「南」を「東」として訂正して読むことで事足りるのである。

3 土宜㆓禾稲・麻紵・蚕桑㆒、知㆓織績㆒為㆓縑布㆒。出㆓白珠・青玉㆒。其山有㆑丹。土気温腝、冬夏生㆓菜茹㆒。無㆓牛・馬・虎・豹・羊・鵲㆒。其兵有㆓矛・楯・木弓㆒、竹矢或以㆑骨為㆑鏃。

土は禾稲・麻紵・蚕桑に宜しく、織績を知り縑布を為る。白珠・青玉を出す。その山には丹あり。土気は温腝にして、冬夏は菜茹を生ず。牛・馬・虎・豹・羊・鵲なし。その兵には矛・楯・木弓あり、竹の矢、或は骨を以て鏃となす。

〈禾稲〉稲。〈麻紵〉「あさ」と「からむし」、また麻の布。「苧麻」とも書く。〈蚕桑〉桑を植えて蚕を飼うこと。〈織績〉布を織ったり、繊維を細く裂いて縒り合わせること。〈縑布〉かとりぎぬ、絹織り物。〈土気〉土から生じる気。〈温腝〉あたたかく、やわらか。〈菜茹〉野菜。〈鵲〉かささぎ。〈兵〉武器。兵器。〈鏃〉やじり。

＊まず問題なのは、「土宜㆓禾稲・麻紵・蚕桑㆒、知㆓織績㆒為㆓縑布㆒。」とみえる誤記のことである。後に紹介する『三国志』13には「種㆓禾稲・紵麻㆒、蚕桑・緝績、出㆓細紵・縑緜㆒。」とあり、また『後漢書』辰韓伝にも「知㆓蚕桑㆒、作㆓縑布㆒」とみえ、両者とも「蚕桑」は原義の桑を植えて蚕を飼うことの意として用いている。したがって『後漢書』は誤写したものとみてよく、「知㆓蚕桑・織績㆒為㆓縑布㆒。」と訂正すべきであろう。

なお『漢書』地理志には、倭国と似ているという儋耳・珠厓郡の習俗として「男子農耕、種㆓禾稲・紵麻㆒、女子桑蚕・織績」とあり、『後漢書』はその文の影響をうけたとみられる。

また「鏃」は骨鏃であったとし、銅鏃・鉄鏃については触れていない。しかし後漢時代にあたる弥生中期の後半には、銅鏃・鉄鏃は一般化して多量に用いられていた。実はこれも前掲『漢書』地理志の同場所の条に、「兵則矛・盾・刀・木弓・弩・竹矢、或(以㆑)骨為㆑鏃」とある文を採用したためである。

このほか「鵲」は、わが国の雀ほどに朝鮮には多い鳥である。それが倭国では見えないので、「鵲はなかった」とことさらに記したものとみてよい。

4男子皆黥面・文身、以其文左右・大小別尊卑之差。其男衣皆横幅、結束相連。女人被髪・屈紒、衣如単被、貫頭而著之。並以丹朱坋身、如中国之用粉也。

男子は皆黥面・文身し、その文の左右・大小を以て尊卑の差を別つ。その男の衣は皆横幅、結束して相連ぬ。女人は被髪・屈紒にし、衣は単被の如く、頭を貫きて著る。並丹朱を以て身に坋け、中国の粉を用うるが如きなり。

〈黥面〉顔面に施す入れ墨。近年まで琉球・台湾に残っていたが、今では中国雲南省の奥地の独竜族にしか見えない。「序説」一四～一七ページ参照。〈文身〉身体に施す入れ墨。「序説」一四～一七ページ参照。〈文〉あや。模様。〈横幅〉腰巻き。これまで服飾学では不明とされていたものであるが、拙著『弥生文化の源流考』（大修館書店、一九九八年、一〇一ページ）、『古代中国と倭族』（中公新書、二〇〇〇年、二五三ページ）で示した『梁書』列伝・諸夷・林邑国（ベトナム）の条に、「横幅の吉貝（木棉の布）を以て腰以下を繞らす」とある記事で明らかなように、それは腰巻きのことで、男女ともに用いた倭族の習俗である。〈被髪〉髪を結ばずに自然に伸ばしておくこと、またその髪。〈屈紒〉曲げて結ぶこと。〈単被〉ひとえの衣。〈貫頭而著之〉正しくは「頭を貫きて著る」と訓むが、学術的には一般に「貫頭衣」と用いられる。解説参照。〈丹朱〉鉱石の丹砂で、前条

木棉の木と棉を吹いた実（インドネシア、スラウェシ島）

（3）には「丹」とみえた赤い色の粉。丹砂から水銀がとれ、古代には鍍金に必要なものであった。その鉱脈は九州の大分県から四国山脈を経て紀州・大和に及ぶ。

＊貫頭衣はわが国古代の女性が着用した上衣である。そして中国南部や東南アジアに関する中国の各史書にも、倭族特有の貫頭衣が漢族には珍しかったとみえて必ず記されている。

貫頭衣は小幅の布二枚を、頭と腕の部分だけ残して縫い合わせたもので、下に腰巻きをつける。倭族で現在でも貫頭衣を着用しているのは、中国では雲南省の佤族だけとなり、タイ、ミャンマーでは佤族の一派であるラワ族のほかカレン族がいる。カレン族は男女ともに貫頭衣を着用しているが、前掲の『後漢書』（2、五二ページ解説参照）にみる海南島の黎族も、男女ともに貫頭衣であったとある。

その貫頭衣については、これまで形が不明とされ、布の中央に頭を入れる箇所だけ穴を開けたものといわれてきた。過ぐる一九八二年に東京・京橋の伊奈ギャラリーで二ヵ月間、「鳥越憲三郎調査隊報告」の名のもとに、貫頭衣や高床式住居の習俗に関するものを展示し、学術講演も催した。しかしその後も発表される貫頭衣の絵図や作品は、まともなものでないものがつづく。

現在の和服は衣服学で中国の小袖から発展したものといわれているが、筆者は貫頭衣が前割れとなり、さらに衽がついたもので、貫頭衣から直系的に発展したものと考えている。

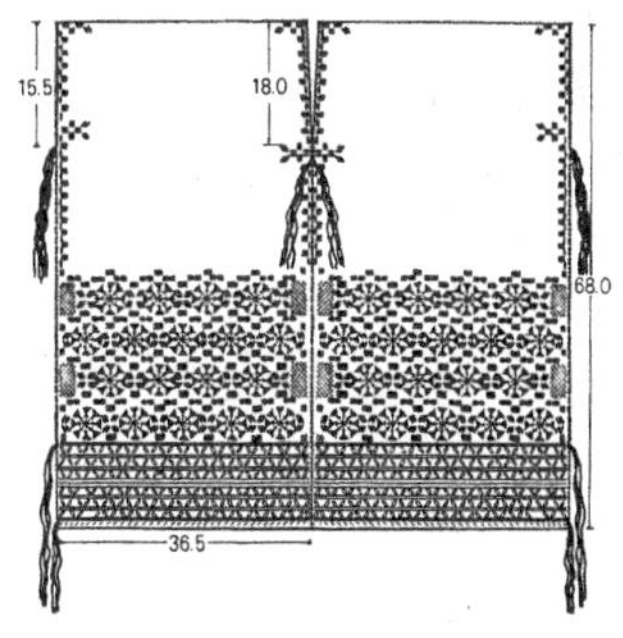

右上は横幅(腰巻き。雲南、佤族)。左上は未婚女性のロングー部式の貫頭衣、左下と右下は既婚女性の二部式の貫頭衣(いずれもタイ、スゴー・カレン族。作図は河野美代賀)

5 有二城柵・屋室一。父母・兄弟異レ処、唯会同男女無レ別。飲食以レ手而用二籩豆一。俗皆徒跣、以二蹲踞一為二恭敬一。人性嗜レ酒。多二寿考一、至二百餘歳一者甚衆。国多二女子一、大人皆有二四五妻一、其餘或両或三。女人不レ淫不レ妒。

城柵・屋室あり。父母・兄弟は処を異にし、唯会同は男女に別なし。飲食は手を以てして籩豆を用う。俗は皆徒跣、蹲踞を以て恭敬となす。人の性は酒を嗜む。寿考多く、百餘歳に至る者甚だ衆し。国には女子多く、大人は皆四、五妻を有ち、その餘は或は両、或は三なり。女人は淫ならず妒まず。

〈城柵〉とりで。城。〈屋室〉いえ。〈会同〉人びとの集まり。〈籩豆〉祭事や饗宴に用いる器物の名で、籩は竹製の果実や干し肉を盛るもの、豆は木製で塩漬けの野菜や干し肉を盛る。〈俗〉ならわし。風俗。〈徒跣〉はだし。跣足。〈蹲踞〉うずくまる。膝を立てて腰をおろす。〈恭敬〉うやうやしくうやまう。〈人性〉生まれつきの性質。〈嗜〉甚だ好む。〈寿考〉長生き。〈大人〉長上に対しての尊称。

＊手食して籩豆で食べたとある。中国で箸が用いられるようになるのは戦国時代の少し前で、しかも箸は羹（吸い物）の具を挟むためで、飯は手食か匙であった。それが漢代に入ると箸が一般化するが、もちろん庶民は手食であった。わが国でも古くは手食で、箸は仏教とともに入ったのではないかと考えている。拙著『箸と俎』（毎日新聞社、一九

八〇年）を参照されたい。

ところで、『漢書』地理志（第八下）に楽浪郡に住む韓族について、「その田の民の飲食は籩豆を以てす」とある。しかもその文末が「楽浪の海中に倭人あり」となるので、倭人も用いていたとしたのかもしれず、その習俗は確かとはいえないと思う。

そのことで参考のため紹介しておく。『延喜式』の「諸国釈奠式」に、「籩――竹豆は之を籩と謂い、豆――木豆は之を豆と謂う」とあり、それに盛る食物の種類も記されている。その孔子を祀る儀式は唐の制度を取り入れ、陰暦二月と八月に行われたが、文武天皇の大宝元年（七〇一）二月が文献の上での初見である。

6 又俗不㆓盗窃㆒、少㆓争訟㆒。犯㆑法者没㆓其妻子㆒、重者滅㆓其門族㆒。其死停喪十餘日、家人哭泣、不㆑進㆓酒食㆒、而等類就歌舞為㆑楽。灼㆑骨以卜、用決㆓吉凶㆒。

又俗は盗窃せず、争訟少なし。法を犯す者はその妻子を没し、重き者はその門族を滅す。その死の停喪は十餘日、家人は哭泣し、酒食を進めずして、等類は就きて歌舞し楽をなす。骨を灼いて以て卜し、用いて吉凶を決す。

〈盗窃〉ぬすみ。〈争訟〉あらそって訴えること。〈没〉犯罪のため人や財産を官に取り上げること。〈門族〉一族。宗族。〈停喪〉喪に服することを停める。〈哭泣〉泣き叫ぶ。声をあげて泣く。〈等類〉同等の親族。〈就〉おもむく。〈卜〉うらなう。

＊卜定のことは『日本書紀』神代巻の一書に、創造神の伊弉諾尊・伊弉冉尊の国生みの

段で、陰神が先に陽神を誉める言葉を発したために身体がととのっていない蛭児が生まれた。そこで天に昇って事情を告げたところ、天つ神は太占で占い、婦人が先に言葉をかけたためであろうということになり、時日を卜定して二人を天から降ろされたとある。

その「太占」の内容について、『古事記』（上）の天石屋戸に隠れられた天照大神を引き出す条に、「天香山の真男鹿の肩を内抜きに抜きて、天香山の天波波迦を取りて、占合えまかなわしめて」とみえる。古くは男鹿の肩骨を灼いて占ったようである。

ところが今でも群馬県富岡市のもと上野国の一の宮、貫前神社では毎年正月と十二月に、上の申の日から中の卯の日までに甘楽郡甘楽町秋畑で捕獲された鹿の骨で、鹿占神事が行われている。

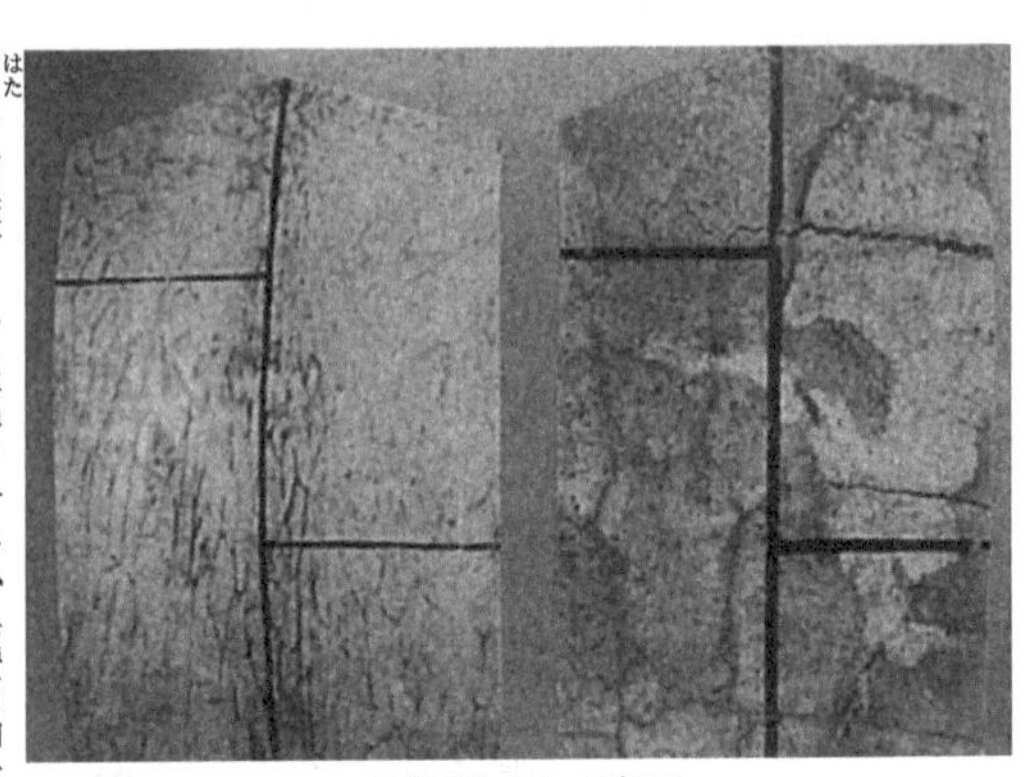
大嘗祭に用いる亀甲

これに対し亀の甲で占うようになった起こりは明らかでないが、『令義解』に「凡そ卜は必ず先ず墨にて亀に画き、然る後に灼く。兆は墨を食むに順う。これを卜食と為す」とあるので、大宝令のころには亀甲を灼いて占っていたとみてよかろう。

なお喪にありながら「等類は歌舞に就いて楽をなす」は、『三国志』16を参照したものであるが、その意味がわかり難いと思う。これは「殯」との関係で説明した方がよいので、『隋書』19の詳細な解説を参照されたい。

7 行来度レ海、令下一人不二櫛沐一、不レ食レ肉、不上近二婦人一、名曰二持衰一。若在レ塗二吉利一、則雇以二財物一。如病疾遭レ害、以為二持衰不一レ謹、便共殺之。

行来に海を度るに、一人をして櫛沐せず、肉を食わず、婦人を近づけざらしめ、名づけて持衰という。若し吉利を塗るに在りては、則ち雇いるに財物を以てす。如し病疾し害に遭えば、以て持衰の謹まずとなし、便ち共として殺す。

〈行来〉ゆきき、往来。〈櫛沐〉髪をくしけずり湯あみする。〈持衰〉斎戒すること、またその人。〈吉利〉めでたいこと、よいしあわせ。〈塗〉立派にやりとげることで意義あるものにする。〈雇〉されたことに対し見合う物を返す。〈病疾〉やまい。〈共〉のり〔法〕。きまり。守るべき基準。

＊この箇所は後に紹介する『三国志』魏志・倭人伝にも同じ内容で見え、用語も古風であり、原本となった陳寿の書でも古伝を記録したものと思われる。

問題の「持衰」とは、中国などへの遠い海路の無事を願うまじないとして、潔斎のために選ばれる一人の男のことである。しかし遠洋航海といっても大船はまだなく、朝鮮半島の南側に沿い、幾日もかけて楽浪郡の役所に近い港（現在の南浦か）に辿り着くものであった。

なお中国沿岸への私的交流のことであるが、このころ中国との直接的な文化交流の形跡はなく、もっぱら朝鮮半島の韓国を経由するものに限られていた。

わが国の文献には持衰の慣行のあったことはみえず、それは古代すぎるためなのか、もし事実であれば貴重な史料であるといえる。

8 建武中元二年、倭奴国奉レ貢朝賀、使人自称二大夫一、倭国之極南界也。光武賜以二印綬一。

建武中元二年（五七）、倭の奴国、貢を奉りて朝賀し、使人は自ら大夫と称し、倭国の極南界なり。光武は賜うに印綬を以てす。

〈奴国〉北部九州の福岡平野を中心に治めていた国。解説参照。〈朝賀〉参内して賀を奉ること。〈使人〉使者。つかい。〈大夫〉漢代の官称。〈極南界〉後漢朝では当時の倭国の領域について、北限を朝鮮半島南端の狗邪韓国（2、五〇ページ注参照）、南限を奴国とみていたことによるもの。〈印綬〉印と綬。印は官吏の身分を証明する印形、綬は印の環を保つひも。

＊『後漢書』（巻一下）の光武帝紀によると、建武中元の「二年春正月辛未、東夷の倭の奴国王、使いを遣わして奉献す」とみえ、その翌月の「二月戊戌、帝、南宮前殿に於

いて崩ず。年六十二」とある。したがって奴国は後漢朝の初代光武帝（在位二五〜五七）の崩御の一ヵ月前に朝貢したことになる。

しかもわが国が中国に入貢した文献の上での最初の記事である。そのことについては前掲の『漢書』地理志に、「楽浪の海中に倭人あり、分かれて百餘国をなし、歳時を以て来たり献見すという」とある記事が、誤りであることを指摘した解説を参照されたい。後漢朝への入貢は、各国とも一般におそかった。それは前漢朝の王位を簒奪した王莽の討伐や、全国の反乱を平定するのに長年を要したからである。それにしても、わが国が最後になったのは、海を隔てていたことにもよるが、もっと大きな事情があったと思っている。

秦始皇帝は全国統一を果たした後、山東省の泰山に登って成就の奉告と守護の祈願をした。ついで前漢武帝もそれにならって、晩年に泰山へ登って神を祀った。光武帝も先例に準じるつもりか、統一を果たしたことで、左のごとく泰山に登っている。

中元元年（五六）二月己卯、魯に幸し、進みて太山に幸す。（「太山」は泰山のこと。）

同、辛卯、柴して岱宗を望み、登りて太山に封ず。（「岱宗」は泰山、「柴す」とは柴を焼いて泰山を望んで天を祀ること、「封ず」は高山の頂に土を盛って天を祀ること。）

同、甲午、梁父に禅す。（「梁父」は泰山下の小山で、「禅す」は天を祀ること。）

同、四月癸酉、車駕、宮に還る。年を改めて中元と為す。

光武帝は泰山の神祭りを終えて帰京すると同時に、年号を「中元」と改めた。それは全国統一の成就を祝う心からであったであろう。そのことを知った奴国では、時を移さず急ぎ入朝した。そして翌二年正月に使者は京都に到着することができた。

その目的を「倭国の極南界なり」とある文の奥に見出せると思う。すなわち、朝鮮半島南端の狗邪韓国を奴国の北限として、奴国の領土であることの公認を求めるためであったと考えたいのである。そこには「序説」で述べたように、古俗の文身をして、三韓から倭人と卑称されている同族が住んでおり、彼らをいち早く奴国に併合することが目的であったからである。またそれと同時に、朝鮮半島への政治的ねらいがあったためでもあろう。その遣使は、三韓を出し抜いての唯一の好機であった。

そして実行は成功を収め、奴国は「漢委奴国王」の印綬を賜り、狗邪韓国を北限に、奴国を南限とする倭国が、後漢朝によって認められた。その時の印綬が、博多湾に浮かぶ志賀島から出土した蛇鈕の金印である。

しかし奴国は後述するように、後漢末の一八〇年ごろの倭国大乱で滅亡した。その後の邪馬台国（物部王朝）・狗奴国（葛城王朝）は短命であり、中国の王朝もつぎつぎと更迭した。しかも大和朝廷は東晋末までの約百五十年間、中国との交通を断ったために、狗邪韓国すなわち後の加羅国（伽耶国）を失うことになった。

ところが、その加羅国を中心とした朝鮮半島の政治問題が、日本古代史の幾世代にも及ぶ最大の事件となったことは周知のごとくである。

9安帝永初元年、倭国王（使）帥升等、献二生口百六十人一、願二請見一。

安帝の永初元年（一〇七）、倭国王の使いの帥升等、生口百六十人を献じ、請見を願う。

〈安帝〉後漢朝の第六代の皇帝。十三歳で即位し、太后が臨朝した。〈生口〉捕虜。奴隷。〈請見〉面会を求める。

＊「倭国王」という表現にかつてドキッとしたことがある。というのは、奴国であるはずなのに、なぜ倭国王とあるのか、それとも邪馬台国なのか、それも変だと一時迷ったからである。そこで『後漢書』安帝紀を見ると、やはり永初元年の「冬十月、倭国、使いを遣わして奉献す」とある。

奴国が後漢朝に初めて入貢した光武帝の建武中元二年（五七）から、今回の永初元年の遣使は五十年ぶりのことである。その光武帝の時は奴国を倭国の極南界として、倭国を代表する唯一の国とみていた。そこで今回「倭国王」と表記しても差し支えないわけである。

しかしこの時点では、後漢朝はまだ大和にある邪馬台国の存在を知っていなかったとみてよい。そのことは認識しておくべき重要なことである。

つぎに原文のままでは、「帥升」を国王の名とみることになる。しかし国王が危険な海を渡って、長途の旅に出たとは絶対に考えられない。そこで「倭国王（使）帥升等」（倭国王の使いの帥升等）として、欠字の「使」を補えば文意の通じるものになるであろう。

なお安帝が幼少のため太后（天子の祖母で皇后であった人）が朝に臨んだためか、次の条のごとく、この御代から政情が悪化し、後漢朝に退潮の兆しが見えはじめる。

10 桓・霊間、倭国大乱、更相攻伐、歴レ年無レ主。有二一女子一名曰二卑弥呼一、年長不レ嫁、事二鬼神道一、能以レ妖惑レ衆、於レ是共立為レ王。

桓・霊の間、倭国大乱し、更こ相攻伐し、年を歴るも主なし。一女子あり名づけて卑弥呼といい、年長じて嫁がず、鬼神の道に事え、能く妖を以て衆を惑わし、是に於いて共に立てて王となす。

〈桓・霊〉後漢朝の桓帝（在位一四六〜一六七）と霊帝（在位一六八〜一八九）。〈倭国大乱〉解説参照。〈更〉たがいに。かわるがわる。〈攻伐〉攻撃。〈卑弥呼〉大和の邪馬台国の女王の名。〈鬼神の道〉一般に「鬼道」と用いる。必ずしも妖しい術とは限らず、天神のほか祖先霊までひろく用い、道教に対してよく使用され、他民族の宗教に対してもいう。〈事〉仕える。奉仕する。〈妖〉あやしくなまめかしいこと。〈衆〉多くの人。

＊ここで重要なのは「倭国大乱」のことである。それを文献でもう少し詳しくみることにしよう。『後漢書』東夷伝に左の注目すべき記事がある。

永初に逮り多難となり、始めて寇鈔に入る。桓・霊失政し、漸に滋曼す。

わが国から後漢朝へ二回目の入貢をしたのは、第六代安帝が即位した年、永初元年のことであった。その永初年間から多難となり、そして初めて「寇鈔」、すなわち各地の反乱に対し攻撃しなければならなくなったという。それは安帝が十三歳で即位し、太后の臨朝が原因で、治世の乱れを起こしたのかもしれない。

さらに桓帝・霊帝の失政で、かえって「滋曼」、すなわち権勢をふるうようになって世が乱れた。しかも同じ『後漢書』東夷伝の韓の条に、

> 霊帝の末、韓・濊並盛んとなり、制すること能わず、百姓は苦く乱れ、流亡して韓に入る者多し。

とあるように、楽浪郡の太守も郡内の韓族・濊族を治め切れなくなった情勢の中で、海を隔てた倭国でも大乱が起きることになったのである。

この倭国大乱の分析については、後に紹介する『三国志』の解説で詳述するが、その大乱は大和の邪馬台国が九州の奴国を討滅した事件であった、ということだけをここで述べておく。

後漢朝の末期は世が乱れて治世の力を失い、このあと四十年ほどで滅亡した。そのことで付言しておきたいのは、政治の弛緩から朝廷の記録も粗略となり、楽浪太守の報告により、倭国大乱のあったことと、卑弥呼が女王として即位したことの二点だけを、しかも無関係に記録としてとどめたことである。もしその記事に、大乱は邪馬台国が奴国を征討した事件であり、そのさ中に邪馬台国では女王卑弥呼が即位したことに言及して

おれば、後世の史家を惑わすことはなかったであろう。

ここでは関連する一例について説明しておきたい。文中の「共に立てて王となす」ということの解釈で、これまで先学者たちが大きな誤りを犯してきた。それは「共」の理解として、全国の国々の王が協議して、女王卑弥呼を「共立」したと解したからである。大国である邪馬台国の統治下で、国々の首長が一堂に会し、彼らの協議によって決めたなど、そんなことはできもしないし、またその必要もない。

その「共」は重要な意味をもつものであった。後で紹介する『三国志』に「男弟あり国を佐治す」とみえ、それは女王卑弥呼を補佐する弟の男王が存在していたことを記したものである。

わが国古代の統治形態は、第一次主権者として祭事権をもつ姉（または妹）と、第二次主権者として政事権・軍事権をもつ弟（または兄）との組み合わせになる祭政二重主権のもとで治められていた。つまり、祭事権者としての女王と、政事権・軍事権者としての男王の二人の王によって、統治される国柄であったことを知らなくてはならない。しかも四世紀ごろまで、姉（または妹）の女酋長のもとに、弟（または兄）が補佐する形態が、文献として地方の国々にも多くみられる。

上述のことが理解できれば、「共に立てて王となす」という意味がわかったことであろう。大戦中に先代の女王が亡くなったので、新たに卑弥呼を女王として立てたが、男王は生存しているので、「共」という文言を入れたものである。端的にいえば、わが国古代における祭政二重主権の在り方について、その認識が欠けていたためである。
そのことなどについては、『三国志』25の解説で詳述するので、その箇所を参照されたい。

11侍婢千人、少㆑有㆓見者㆒、唯有㆓男子一人㆒、給㆓飲食㆒、伝㆓辞語㆒。居㆓処宮室・楼観㆒、城柵(厳設)、皆持㆑兵守衛。法俗厳峻。

侍婢千人、見ゆる者あるは少なく、唯男子一人あり、飲食を給し、辞語を伝う。宮室・楼観に居処し、城柵(は厳しく設け)、皆兵を持ちて守衛す。法俗は厳峻なり。

〈侍婢〉こしもと。〈見〉目上の人にお目にかかる。〈辞語〉ことば。〈宮室〉宮殿。〈楼観〉たかどの。ここでは祭祀をする建物。解説参照。〈居処〉居どころ。身を置く所。〈城柵〉5、五八ページ注参照。〈兵〉3、五三ページ注参照。〈守衛〉建物などの施設で人の出入りを監視し警備する。〈法俗〉2、五一ページ注参照。〈厳峻〉きびしい。おごそかできびしい。

＊前条につづいて女王卑弥呼のことを説明しているものであるが、侍婢が千人いたとは中国的表現で、女王の宮殿に仕える女官の多さを示したのにすぎない。
特に解説の必要なのは「楼観」であろう。『説文解字』には「楼、重層なり」とある。そして『楼観本起伝』によると、
楼観は昔、周康王の大夫関令伊の故宅。草を結びて楼とし、観星望気し、因りて楼

観の名を命ず。

とみえる。その「観レ星望レ気」とは禍福・吉凶を占うことで、それを日本的に直せば、祭事にたずさわって神祭りをし、国の安泰と豊穣（ほうじょう）祈願をする建物、すなわち祭事権者としての女王卑弥呼の祭殿であったとみられるものである。

なお本文で「厳設」を補ったのは、後で紹介する『三国志』26の文による。

12 自二女王国一東、度レ海千餘里至二拘奴国一、雖二皆倭種一、而不レ属二女王一。自二女王国一南、四千餘里至二朱儒国一、人長三、四尺。自二朱儒一東南、行レ船一年、至二裸国・黒歯国一。使駅（訳）所レ伝、極レ於レ此矣。

女王国より東、海を度（わた）ること千餘里にして拘奴（こぬ）国に至り、皆倭種（わしゅ）と雖（いえど）も、而（しか）も女王に属せず。女王国より南、四千餘里にして朱儒（しゅじゅ）国に至り、人の長（たけ）三、四尺なり。朱儒より東南、船で行くこと一年にして、裸（ら）国・黒歯（こくし）国に至る。使訳（しやく）の伝うる所は、此（ここ）に於いて極（きわ）まる。

〈拘奴国〉不明。〈倭種〉倭人と同じ民族。〈朱儒国〉短小な人の住む国。〈裸国〉衣服を着ない風俗の国。〈黒歯国〉歯を黒く染める風俗の国。〈使訳〉1、四九ページ注参照。

＊これに類した文は『三国志』10にもあって、二十一国が挙げられ、また27にも見える。『後漢書』はその陳寿の原本を真似て、この場所にわずか四ヵ国の名を示したのであろうが、その国名は『三国志』のものと異なり、『山海経（せんがいきょう）』に見えるものを取り上げてお

り、実在する国とみる必要はない。

三国志

『三国志』は魏・蜀・呉の三国が鼎立していた紀元二二〇～二八〇年間の歴史を、陳寿（二三三～二九七）が魏書三十巻・蜀書十五巻・呉書二十巻、合計六十五巻として完成させたものである。

それ以前に王沈の『魏書』、韋昭の『呉書』、魚豢の『魏略』があったが、蜀書だけなかった。幸いに陳寿が蜀人でもあったので、蜀の歴史を補うことができた。陳寿が編修した年代は明らかでないが、晩年の西晋時代であったとみてよかろう。

ところが陳寿の死後、多くの新しい史料が発見されたことで、裴松之が数倍の分量にして補注し、それが宋の四二九年に成った『三国志』であるが、今はこれも散佚した。

現在伝わるもっとも古い刻本は南宋の百衲（紹興本・紹熙本）で、本書はその紹熙（一一九〇～九四）本にもとづき、その中の魏志・倭人伝を取り上げて考察するものである。

1倭人在二帯方東南大海之中一、依二山島一為二国邑一。旧百餘国、漢時有二朝見者一、今使訳所レ通三十国。（巻三〇）魏志・東夷伝・倭人

倭人は帯方東南の大海の中に在り、山島に依りて国邑をなす。旧百餘国、漢時に朝見する者あり、今使訳の通ずる所は三十国なり。

〈帯方〉帯方郡のこと。朝鮮半島の北部にあった漢代からの植民地の楽浪郡から分立し、郡治は現在のソウル。解説参照。〈山島〉『後漢書』1、四九ページ注参照。〈国邑〉国郡のこと。〈百餘国〉『漢書』1、四三ページ注参照。〈朝見〉臣下が天子に拝謁すること。〈使訳〉『後漢書』1、四九ページ注参照。〈三十国〉同前。

＊本条は『漢書』地理志の文をうけ、また『後漢書』以降に影響を与えたものである。「百餘国」は『漢書』を採用し、「三十国」は本書が加えたものであるが、ともに数の多いことの比喩で信じる必要はない。また前漢時代に入貢した事実はない。

ここで注目すべきは帯方郡についてである。前漢の武帝が元封三年（前一〇八）に、朝鮮半島北部を植民地として楽浪郡を設置した。そして郡治は平壌に置かれ、太守が韓・濊・貊の諸族を治めた。ところが後漢末の二〇四年に帯方郡が分離し、郡治もソウルに移った。そのため魏朝の歴史を記す『三国志』では楽浪郡という地名が消え、帯方郡に変わったことで、以降の史書もまた同じである。

2 従レ郡至レ倭、循二海岸一水行、歴二韓国一、乍レ南乍レ東、到二其北岸狗邪韓国一、七千餘里。始度二一海一、千餘里至二対馬国一。其大官曰二卑狗一、副曰二卑奴母離一。所レ居絶島、方可二四百餘里一、土地山険、多二深林一、道路如二禽鹿径一。有二千餘戸一、無二良田一、食二海物一自活、乗レ船南北市糴。

郡（帯方郡）より倭に至るには、海岸に循いて水行し、韓国を歴るに、南し乍ら東し乍ら、その北岸の狗邪韓国に到るに、七千餘里なり。始めて一海を度り、千餘里にして対馬国に至る。その大官は卑狗といい、副は卑奴母離という。居る所は絶島にして、方四百餘里可、土地は山険しく、深林多く、道路は禽鹿の径の如し。千餘戸あり、良田なく、海物を食して自活し、船に乗りて南北に市糴す。

〈水行〉水上を行くこと。〈乍南乍東〉解説参照。〈狗邪韓国〉『後漢書』2、五〇ページ注参照。〈大官〉高い地位の官職。〈卑狗〉「彦」のこと。〈卑奴母離〉「夷守」のこと。僻地の国を治める官吏。〈絶島〉はなれ島。孤島。〈方〉四方。〈可〉ばかり。ほぼ。〈禽鹿〉鳥とけもの。〈海物〉海に産する物。海産物。〈自活〉他の援助をうけず自分の力で暮らす。〈市糴〉米を買う。

＊表現の上で興味をひくのは、「南し乍ら東し乍ら」という用語の異様さであろう。当時は低海面の時代で、韓国の西海岸は今よりも遠浅であった。そこで上陸のときは満潮

時に船を浜辺近くまで進ませ、出港には満潮時をねらって漕ぎ出す。したがって文意は、倭国に向けての船は南に進み、上陸には東へ向けて浜辺に近づくことになるということである。

その帯方郡からの使者は韓国の東海岸を経て南端の狗邪韓国に立ち寄るが、それを「北岸」といったのは、そこが倭国の領域であったからである。『後漢書』8の解説を参照。

さて、使者が立ち寄った対馬の情況はまこと見事に把握されている。かつて南北八二キロの細長い島の海岸に沿って、自動車を運転したときの光景が瞼に浮かぶ。実際、山林八八%、耕地はわずか〇・三%の島なので、大麦が九九%を占めて主食となり、藩政時代の年貢も麦であったといわれる。

島の北端にある鰐浦（対馬市上対馬町）からは朝鮮海峡を隔てて釜山まで約五三キロ、古老の話では晴天の波静かな日など、遠望される朝鮮へ小舟で櫓を漕いで渡ったという。『日本書紀』神功皇后の条には、朝鮮遠征のとき和珥津（鰐浦）から船出したとある。そのためか藩政時代に鰐浦が朝鮮へ渡る港として一時、御関村と称されて番所が置かれていたという。

そこで弥生時代も同様に鰐浦が朝鮮との交流の基地とされ、朝鮮から倭国に来るときは東海岸に沿って南下し、藩政時代の中心地であった厳原あたりから、壱岐に渡ったのであろうと思っていた。しかしその考えは間違っていた。

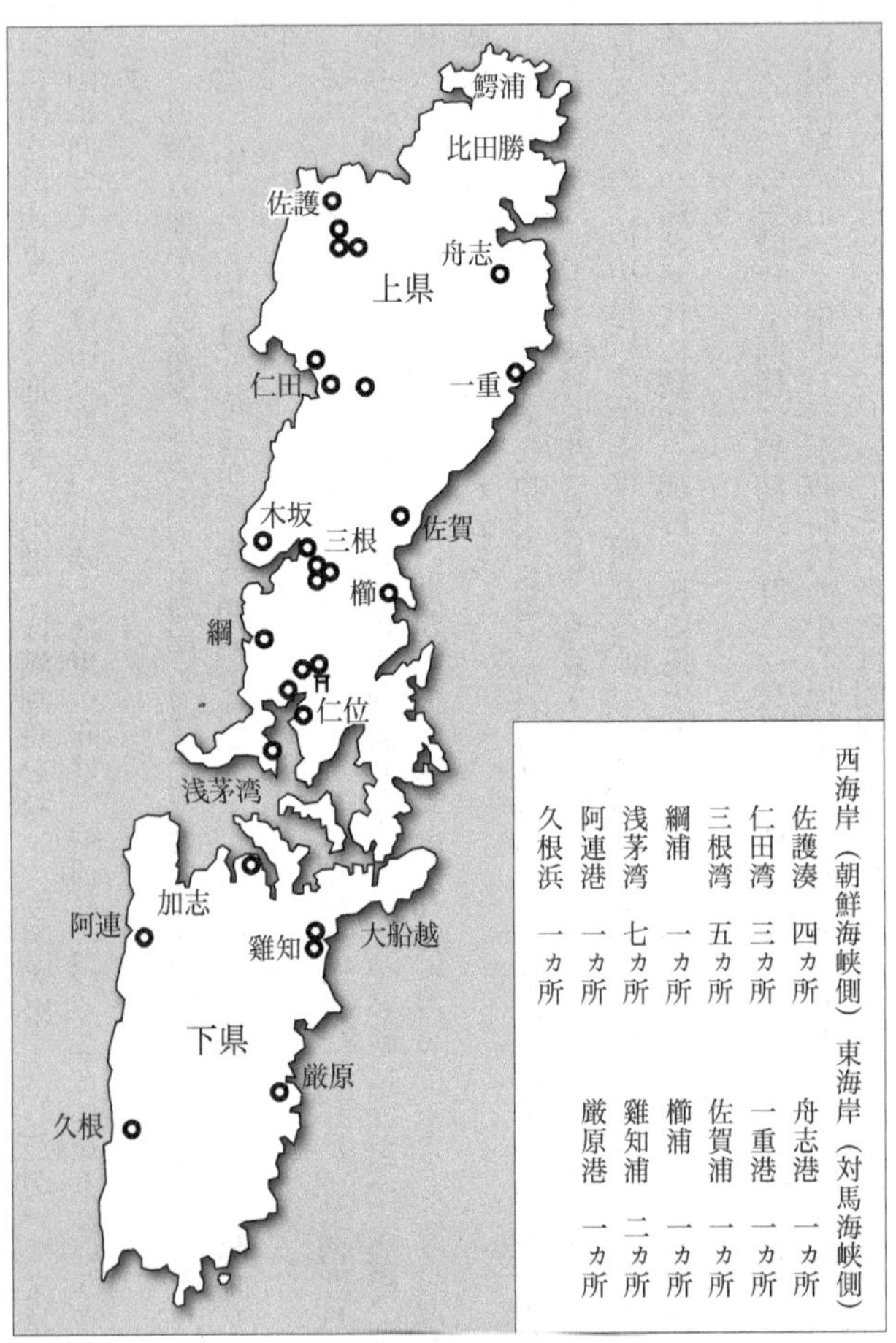
鰐浦
比田勝
佐護
舟志
上県
仁田
一重
木坂
三根
佐賀
櫛
綱
仁位
浅茅湾
加志
阿連
雞知
大船越
下県
厳原
久根
西海岸（朝鮮海峡側）東海岸（対馬海峡側）
佐護湊 四カ所 舟志港 一カ所
仁田湾 三カ所 一重港 一カ所
三根湾 五カ所 佐賀浦 一カ所
綱浦 一カ所 櫛浦 一カ所
浅茅湾 七カ所 雞知浦 二カ所
阿連港 一カ所 厳原港 一カ所
久根浜 一カ所

対馬の銅矛出土地

弥生時代の広形銅矛がまとめて展示されていたことから、その出土地を調べていて間違いに気づいた。奴国の青銅器の鋳造技術は朝鮮から入ったが、弥生中期後半（二世紀初め）ごろからは、武器としての細形銅矛ではなく、刀の幅の広い祭祀用の大型広矛が盛んに鋳造されて、各地に贈与されるようになった。

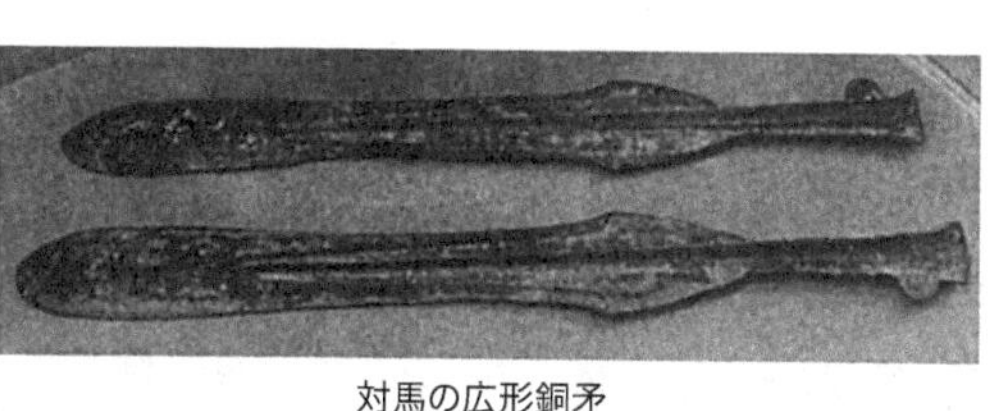
対馬の広形銅矛

その広矛の分布状況は図に示すように、東海岸には少なく、西海岸が断然多くて、それも一ヵ所で数本、或いは十数本も出土した所があった。広矛は航海の安全を祈願して神に奉献されたもので、祭りのあと埋められたのか、盛り土された場所から発見される。

したがって広矛の出土の多い西海岸が、弥生時代の主たる航路にされていたことになる。しかもその中で浅茅湾が注目される。複雑なリアス式海岸で無数の入り江があり、風波を避けて碇泊できる最良の場所でもあった。そして特に北岸の仁位湾には、広矛十五口が一括して発見された黒島遺跡をはじめ、弥生時代から古墳時代にかけて最多の遺跡の密集地である。

そして文献の上では、その仁位湾の奥の仁位（対馬市豊玉町）に鎌倉〜室町時代にかけて、豪族の仁位氏が島主として居住し、申叔舟著『海東諸国記』（一四七一年）によると李朝に遣使し、また仁位湾の戸数が最多であったことを記している。弥生時代に遡っても、この地が対馬の都であった可能性は高いであろう。

　そこで、前述した鰐浦をみると、そこからは広矛が一本も発見されていない。それに代わって佐護（対馬市上県町）では広矛の出土地が四ヵ所あり、弥生時代の遺跡も多く、さらに近世まで年頭に古来の亀卜神事が行われていた由緒をもつ地である。弥生時代にはその佐護が、朝鮮と直接関係をもつ港であったことは確かである。

国名	官	副
対馬	卑狗	卑奴母離
一支	卑狗	卑奴母離
末盧		
伊都	爾支	泄謨觚・柄渠觚
奴	兕馬觚	卑奴母離
不弥	多模	卑奴母離

北部九州各国の官名

　実はそのことで付言したいことがある。上述のごとく多数の広矛が出土したが、それら広矛はすべて奴国で鋳造されたものであった。しかし後に詳述するように、奴国は一八〇年ごろに滅亡し、青銅器鋳造はそのときをもって絶えた。ところが朝鮮の『三国史記』新羅本紀を見ると、三十回以上も倭国から攻撃され、それは奴国であったとみられる。それと広矛との関連を視野において、今後考える必要があると思う。

　このほか解説としてはもっと重要なことが残っている。右の表で北部九州の各国の官吏の名称を示すが、官・副ともに「卑狗」（彦）、「卑奴母離」（夷守）と名づけられているのは、対馬とつぎに取り上げる壱岐だけである。その他ではその国古来の官名も見える。

それを理解するのには、前掲の『後漢書』10で述べた「倭国大乱」（六六～六七ページ解説参照）は、後述（23）でさらに詳しく取り上げるが、その倭国大乱で北部九州の雄（ゆう）であった奴国を、大和の邪馬台国が討滅したことを前提として考えなければならないのである。

そして対馬・壱岐だけが官・副を「彦」「夷守」と名づけられたのは、邪馬台国が奴国を倒したあと、帯方郡および韓国との交通交易の重要な基地として、両国を直接支配下におく必要があったからであろう。

右のことを十分に意にとめて、以下につづく各国の記事を読んでいただきたい。なお本条から5までは、魚豢の『魏略』を引用したものである。『三国志』は『魏略』を多く参考にしている。

3又南渡二一海一千餘里、名曰二瀚海一、至二一大（支）国一、官亦曰二卑狗一、副曰二卑奴母離一。方可二三百里一、多二竹木・叢林一、有二三千許家一、差有二田地一、耕レ田猶不レ足レ食、亦南北市糴。

また南へ一海を渡ること千餘里、名づけて瀚海（かんかい）といい、一支国（いきこく）に至り、官はまた卑狗といい、副は卑奴母離という。方三百里可（ばかり）、竹木・叢林（そうりん）多く、三千許（ほど）の家あり、

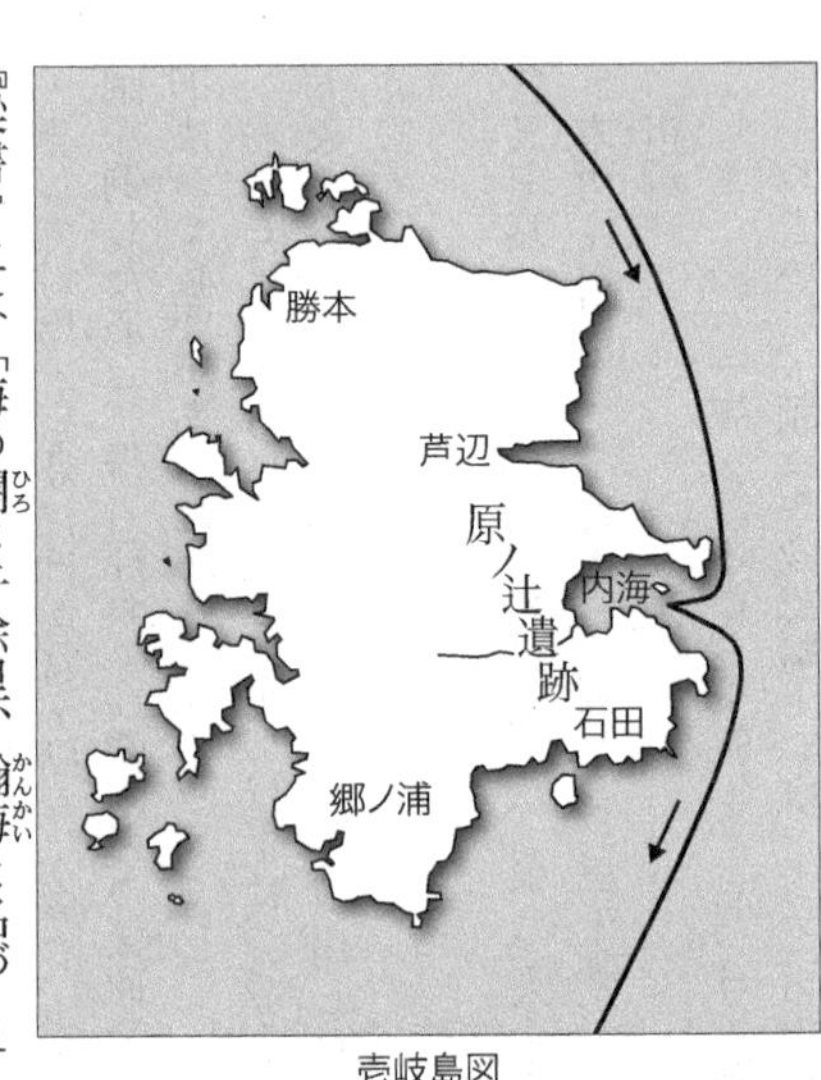

壱岐島図

差田地あり、田を耕せども猶食するに足らず、また南北に市糴す。

〈瀚海〉広大なことからの称。〈一支国〉壱岐島。解説参照。〈叢林〉やぶとはやし。〈許〉『後漢書』1、四九ページ注参照。〈差〉やや。いくらか。

＊さて、対馬から壱岐へは対馬海峡を渡ることになるが、その海峡の広さに使者は驚いたのであろうか、『梁書』には「海の闊さ千餘里、瀚海と名づく」と記している。

壱岐は東西約一五キロ、南北約一七キロの丘陵性に富む台地状の島である。島の東側の内海湾にそそぐ幡鉾川の流域は島内で田地がもっとも多いが、それでも「南北に市糴」するほど米は不足し、植え付けの主なものは麦と大豆である。

その壱岐では古代の国の首都が判明している。そこは前述した芦辺町を流れる幡鉾川の流域から、石田町の丘陵にかけてひろがる原ノ辻遺跡の地である。東西約八〇〇メートル、南北約一〇〇〇メートル、面積約二五ヘクタールの広大な三重の環濠（かんごう）がある。その外濠の北側で一九九六年、弥生中期前半（前二世紀後半）に遡るコの字形の舟着き場まで見つかった。

盛り土で台形状をした東西の堤防の高さは、東側が約二メートル、西側が約一・五メートル、上端の幅は東側で五・二メートル、西側で四・五メートル、同底辺の幅は東側で一〇・七メートル、西側で八・七メートル。しかも堤防の基礎には石や木材を置いて杭で止め、また斜面も石や樹皮で固められていた。そして東西堤防の上端の間隔は約一一メートル、底辺で約七メートル、奥行が約一一メートルもあって、わが国では初めての画期的工法による舟着き場であった。

その舟着き場は内海湾まで約一キロ、旧河川に沿っていたが、古くは内海湾に流入する河口近くに設けられた舟着き場で、朝鮮半島と交流する拠点となっていたことは確かである。

ところが一九九八年、さきの三重環濠の外濠に近い河川跡で、高床式建物の床大引き（ゆかおおびき）材が出土した。それは丸太を削って長さ三・二四メートル、直径一七センチの大きさにしたものである。そして先端に柄穴（ほぞあな）が切り出してあり、それを柱の穴に差し込み、栓（せん）で留める形式のものである。その高度な建築技法がすでに壱岐には、弥生中期に朝鮮半島から伝来していたのである。

実は壱岐を訪れて驚いたのは、例えば芦辺町深江鶴亀触（ふかえつるきふれ）・石田町石田西触のように、集落がすべて「某触(ふれ)」と名づけられていたことであった。その「フレ」は古代朝鮮語の「村」pur に出るものである。また壱岐・対馬では大きな観光看板が所々に立っていたが、すべて日本語に朝鮮のハングルが副(そ)えてあった。今でも朝鮮とは人的・文化的関係が深いのであろう。

4 又渡㆓一海㆒、千餘里至㆓末盧国㆒、有㆓四千餘戸㆒。浜㆓山海㆒居、草木茂盛、行不㆑見㆓前人㆒。好捕㆓魚鰒㆒、水無㆓深浅㆒、皆沈没取之。

また一海を渡り、千餘里にして末盧(まつら)国に至り、四千餘戸あり。山海(さんかい)に浜(そ)いて居(す)み、草木は茂盛(もせい)して、行くに前の人を見ず。好んで魚鰒(ぎょふく)を捕(と)らうるに、水の深浅(しんせん)となく、皆沈没(ちんぼつ)して取る。

〈末盧国〉佐賀県唐津(からつ)市を中心として栄えた国。解説参照。〈山海〉やまとうみ。〈茂盛〉しげくさかんなこと。〈魚鰒〉あわび。〈深浅〉深いことと浅いこと。〈沈没〉水中に沈む。

＊壱岐から船で小島伝いに九州の東松浦(まつら)半島の北端にある呼子(よぶこ)の港に着く。その港の入り口には加部(かべ)島があって、風波をさえぎる最良の避難所とされていた。そこから海岸沿いに、都の置かれていた唐津に行く。

ところが末盧国では、縄文時代後期から弥生時代中期にかけて低位海面期で、現在の海面より一～二メートル低かったといわれる。その後に海浸をうけて次第に海面は上昇した。

そのため海岸の近くには砂丘を形成し、観光地としての美しい「虹の松原」ができた。しかしかつては後背地は山裾まで干潟がひろがり、「行くに前の人を見ず」とあるのも、その干潟の芦原の中を歩いて、丘陵部の居住地まで行かねばならなかったからである。実際、松浦川東側の畑地のほとんどが、芦や菰などが二メートル近く堆積して、植物を含む黒色粘土層となっているのが発掘で確認されている。

唐津市で最初に紹介しなければならないのは、稲作の始源地として知られる菜畑遺跡である。松浦川の河口から西へ約一キロの丘陵東南の谷間で、縄文晩期後半に遡る水田遺構が発見された。

朝鮮半島から渡来するとき、最初に上陸するところが末盧の地なので、ここには縄文晩期に遡る支石墓を造った渡来人が住みついている。そして弥生前期末ごろ、末盧国を治める王者が出現した。その王族の墳墓が一九六五年から、宇木汲田遺跡として発掘調査された。

そして甕棺墓百二十九基、土壙墓三基で、朝鮮から渡来した多鈕細文鏡、細形の銅剣・銅戈・銅矛・銅釧のほか勾玉・管玉など多数が伴出した。

しかし疑問に思われるのは、前掲2の「北部九州各国の官名表」でわかるように、末盧国だけが国名は掲げられながら、なぜ役人としての官・副の名称が抹消されているのであろうか。そのことは見過ごしてはならない重要な問題である。

さきに示した王墓から出土の青銅製武器は、弥生中期前半から中頃のものであった。しかも身体に刺さって折れた細形銅剣の切っ先や、磨製石鏃（せきぞく）の切っ先のある甕棺墓から判じて、紀元直前に末盧国は戦に敗れて滅亡したことが明らかである。それは誰によって討滅させられたのであろうか。

ところが松浦川の河口から西へ約一キロ、前述の菜畑遺跡に近く弥生中期初頭から後期初頭の桜馬場（さくらのばば）遺跡がある。そこは拙著『弥生の王国』（中公新書、一九九四年）で考証したように、明らかに奴国の王族が派遣された場所である。末盧国は奴国に滅ぼされて後、奴国から王族が派遣されて直轄地とされたので、国名だけが残ったのであろう。

そのことと関連して、もう一つ注目すべき事柄を紹介しておきたい。奴国は後に詳述する倭国大乱で邪馬台国に討滅されるが、同じようにその末盧国へ、つぎは邪馬台国から一族が派遣されて治められる。

それを示す文献史料は、大和朝廷初期の国造制について記した『旧事本紀（くじほんぎ）』国造本紀の左の内容である。

末羅国造。志賀高穴穂（成務）朝の御世に、穂積臣（ほづみのおみ）の同祖、大水口足尼（すくね）の孫、矢田稲吉を国造に定め賜う。

穂積氏は邪馬台国を築いた物部氏の一族である。邪馬台国も中国・朝鮮半島との交通交易の基地として、末盧国の重要性からいち早く、その一族を派遣したものとみてよい。

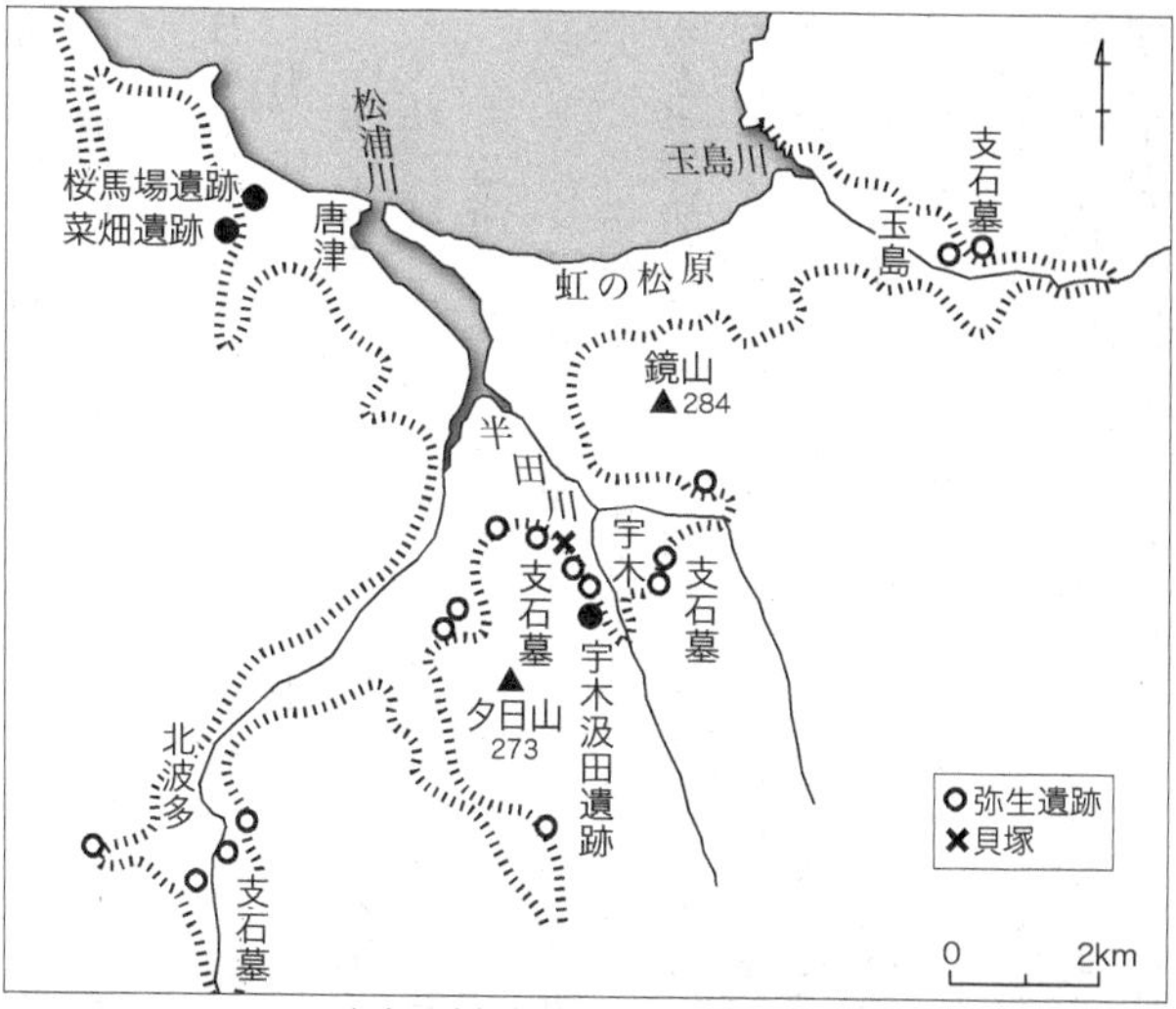

松浦川
玉島川
支石墓
桜馬場遺跡
菜畑遺跡
唐津
玉島
虹の松原
鏡山
284
半田川
宇木
支石墓
支石墓
宇木汲田遺跡
夕日山
273
北波多
支石墓
弥生遺跡
貝塚
0
2km

末盧国(唐津市周辺)の弥生遺跡

葉山尻支石墓(唐津市東宇木)

もちろん国造制は大和朝廷に入ってからであるが、都から遠地の豪族は国造として任じた。穂積氏のこの地への派遣は時代を遡らせて考えてよいのである。

5東南陸行五百里、到伊都国、官曰爾支、副曰泄謨觚・柄渠觚。有千餘戸、世有王、皆統属女王国、郡使往来常所駐。

東南へ陸行すること五百里にして、伊都国に到り、官は爾支といい、副は泄謨觚・柄渠觚という。千餘戸あり、世々王あり、皆女王国に統属し、郡使の往来に常に駐まる所なり。

〈伊都国〉玄界灘に突出した糸島半島の根元にある国。解説参照。〈統属〉すべ属する。〈郡使〉ここでは帯方郡の使者。帯方郡は1、七五ページ注参照。〈往来〉ゆきき。

＊まず伊都国について説明しておく必要がある。伊都国は糸島半島の西側の加布里湾に河口をもつ雷山川と、東側の今津湾に河口をもつ瑞梅寺川とが相接するところ、そのわずか方三キロほどの平野が国の中心部であった。弥生前期からの支石墓も多いが、中期中頃まで武器は石器使用で、王国の成立は奴国の属国となってからの弥生中期後半のことである。

最初の王墓とみられる三雲遺跡の甕棺墓からは、戦国時代の銅鏡二面、前漢時代の銅鏡三十三面のほか、銅剣・銅矛・ガラス璧・勾玉・管玉などが伴出した。ついで弥生後期前半の井原鑓溝遺跡の甕棺墓からは、後漢時代の二十一面の銅鏡や刀剣などが発見さ

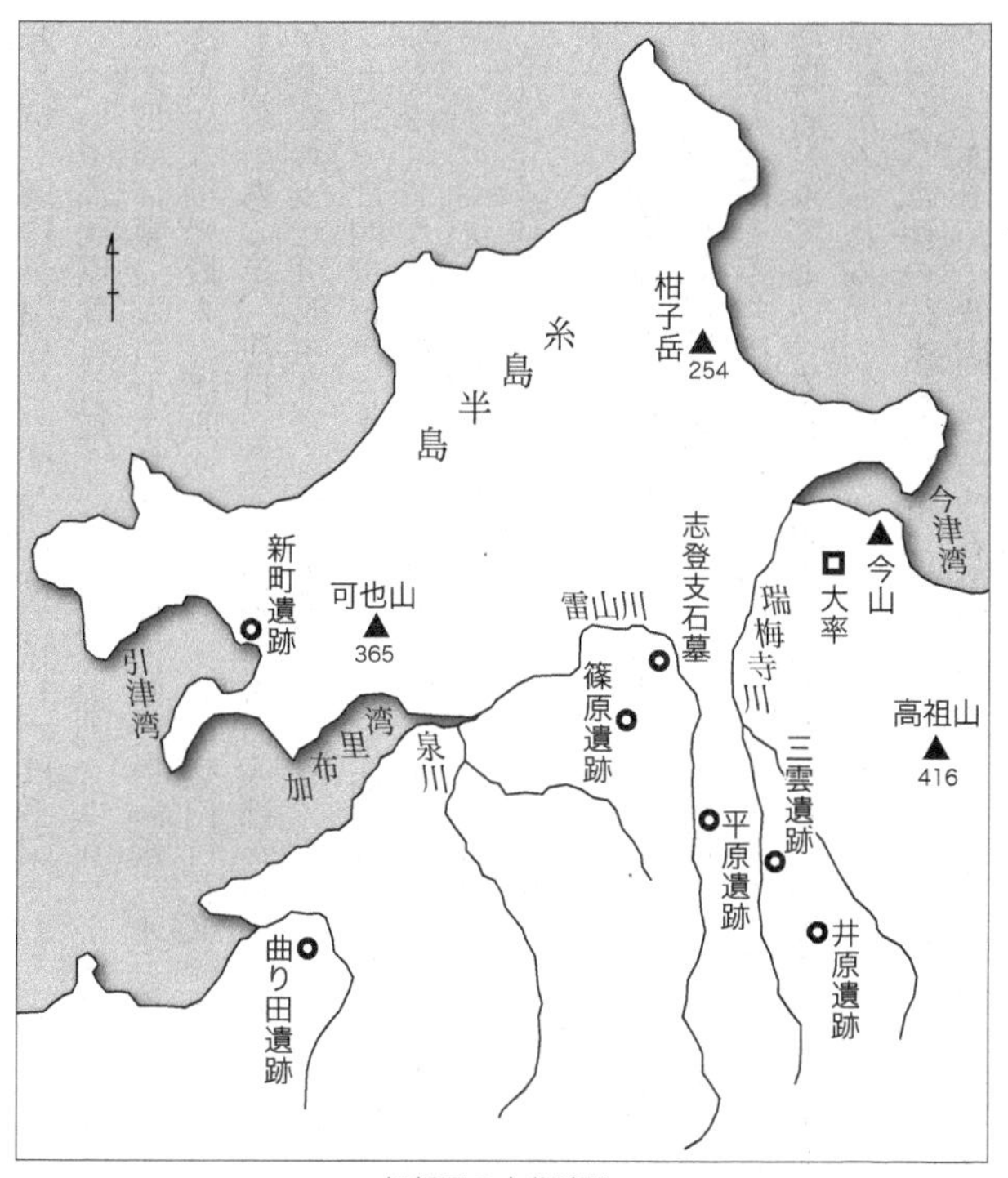
柑子岳
254
糸島半島
今津湾
今山
大宰
新町遺跡
可也山
365
雷山川
志登支石墓
瑞梅寺川
引津湾
篠原遺跡
高祖山
416
加布里湾
泉川
三雲遺跡
平原遺跡
井原遺跡
曲り田遺跡

伊都国の古代遺跡

れたが、遺物が現存していないので詳しくは不明である。

ついで福岡県教育委員会によって発掘調査された平原遺跡では、古墳時代の特徴である方形周溝墓の割竹形木棺から、後漢時代の銅鏡三十五面、仿製鏡四面が出土したが、後者には世界最大の径四六・五センチの仿製内行花文鏡があった。そのほか勾玉・管玉も多数であるが、注目をひくのは被葬者の頭部から中国の女性が用いる耳璫が見つかり、女王であった可能性が考えられることである。

九州では四世紀ごろまで女王によって治められていたことが、『日本書紀』景行天皇の条にみえる。すなわち碩田国（大分県）速見邑（現・別府市）に、「女人あり、速津媛という。一処の長なり」とあるのをはじめ、筑紫国（福岡県）八女郡の八女津媛や、諸県（宮崎県の郡名）の泉媛なども同様である。詳しくは拙著『弥生の王国』を参照されたい。

さて、伊都国で問題になる一つは役職名である。さきの対馬・壱岐では官が卑狗（彦）、副が卑奴母離（夷守）で、ともに邪馬台国からの役人であったと思われる。また後述の奴国と不弥国も副が卑奴母離であるのに対し、伊都国だけは官・副ともに古来の役職名とみてよい。そして「爾支」が王をさし、つまり「世〻王あり」で、伊都国の特異性がみられる。

また「郡使の往来に常に駐まる所なり」とある郡使とは、帯方郡からの魏朝の使者のことであるが、韓国からの使者も同様であった。それは伊都国に邪馬台国の出先機関があって、役人が大和の都に行って連行の許可をもらって帰るまで、約一ヵ月間の滞在が必要なためである。

その行程については、後の7に関連する事項があり、その箇所で詳述したい。ここでは末盧国から伊都国までの距離が「五百里」とあるが、その道順に問題があるので取り上げることにする。

末盧国から伊都国へは海岸線に沿って、国道二〇二号線とJR筑肥線が相接して通っているが、いくつもの岬の断崖が迫ったこの道は、古くは荒磯で波が打ち寄せ、魏使たちの通った道ではない。そのためかトンネルをつけて、国道新二〇二号線が開通されている。

そこで山道を選ぶとなると、十防山（五三五メートル）・浮岳（八〇五メートル）・女岳（七四八メートル）・羽金山（九〇〇メートル）の連峰がつづく。ところが連峰の南側に、今では国道三二三号線があり、その道を辿って長野峠を越えれば、現在の前原市を経て邪馬台国が設置した役所に辿り着くことができる。かつての弥生の道は現在でも国道・県道として残っているものなのである。

しかしここで問題がある。果たして魏使たちは陸行したのであろうか。そこで一応、海路のことも考えてみよう。

朝鮮海峡・対馬海峡・玄界灘の冬の波は荒く、そのため三月〜五月（新暦四月〜六月）の波の静かな期間に渡海するのが普通であった。したがって出国するのは一年後の

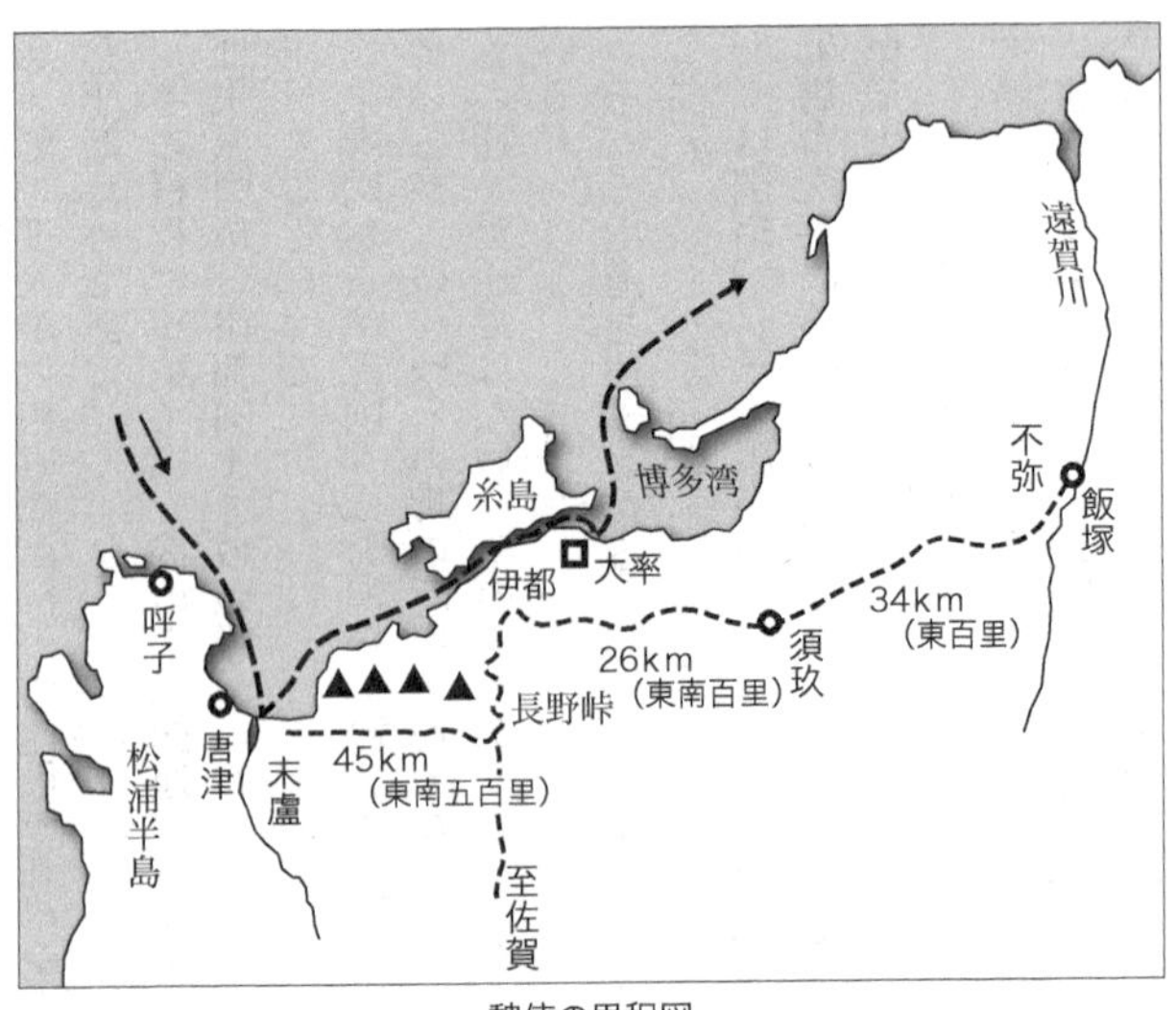

魏使の里程図

春を待たねばならなかった。

そのことを考えると、女王卑弥呼への贈り物をはじめ、習俗の違いから一行の秋・冬の衣類、生活用品など、その分量は多大で、たとえ人夫を雇ったとしても陸行ではたいへんである。

しかも船で来た彼らが、伊都国から大和へ向けては再び海路となり、しかも倭国の刳り舟で行くことになるのを知りながら、末盧国の津で自分たちの船を乗り棄てるであろうか。

実は糸島半島の古代の地形は、西側の加布里湾と東側の今津湾との間に十世紀ごろまで糸島水道があって、その名残りが今の雷山川と瑞梅寺川であるといわれる。その水道を通れば簡単に今津湾に出られ、そこに邪馬台国から派遣された役所もある。

近年ボーリング調査で水道の存在が不確実になったともいうが、半島を外回りして今津湾に入ってもよい。しかし末盧国から伊都国までの「五百里」が先入観となって、これまで誰も海路を考えようとしなかった。

そこで取り上げねばならないのは、右の里程の五百里である。魏使の一行がこの路を通らなかったとなると、何のために示されたのであろうか。それは伊都国の役所で聞いた旅費規定による距離であったとみるべきであろう。

その解釈は、この後につづく伊都国から奴国・不弥国、さらに投馬国・邪馬台国までの里程から明らかであり、特に後述の7で示す『延喜式』（主計上）にみる旅費規定と対比されるとわかるであろう。なお参考までに述べておくと、「百里」は一日の行程としての旅費が出され、末盧国から伊都国までは「五百里」あるので、往復五日の経費が支出されることになる。

これまで邪馬台国論争の重要な一つは、末盧国から以降の里程と方位にあって、邪馬台国九州説の主柱として取り上げられてきた。そこで残る方位について言及しなければならないであろう。

末盧国から伊都国へは「東南」と記されているが、実際は地図で明らかなように「東」である。それは『後漢書』2の解説で述べたように、当時の漢族が地理観を間違えていたことによるものであった。すなわち日本列島が中国大陸の東方海上で、南北に連なっているとみていたからである。

そのことを念頭において訂正すれば、「東南」は四五度の偏差で「東」となる。同様に伊都国から奴国の「東南」も「東」に、さらに奴国から不弥国の「東」は「東北」に改められ、方位に間違いはなくなるのである。

6東南至㆓奴国㆒百里、官曰㆓兕馬觚㆒、副曰㆓卑奴母離㆒、有㆓二万餘戸㆒。東行至㆓不弥国㆒百里、官曰㆓多模㆒、副曰㆓卑奴母離㆒、有㆓千餘家㆒。

東南へ奴国に至ること百里、官は兕馬觚(じまこ)といい、副は卑奴母離(ひなもり)といい、二万餘戸あり。東行して不弥(ふみ)国に至ること百里、官は多模(たも)といい、副は卑奴母離といい、千餘家あり。

〈奴国〉福岡平野を中心に君臨した古代王国。『後漢書』8、六二ページ注参照。〈不弥国〉福岡県飯塚(いいづか)市の立岩(たていわ)遺跡を中心とする地。解説参照。

*福岡平野西部には早良(さわら)王国があったが、弥生前期末の前二〇〇年ごろ東部の勢力が早良国を討って奴国を建てた。ついで現在の唐津市を中心とした末盧国を滅ぼした。

また属国とした伊都国の港を利用して、後漢朝初頭の建武中元二年（五七）、わが国として初めて入貢し、つぎに永初元年（一〇七）にも朝貢したが、後漢朝の政情悪化のため跡絶えた。そして二世紀末、すなわち一八〇年ごろ倭国大乱で邪馬台国によって滅亡した。後の23・25を参照されたい。

そして邪馬台国に隷属後は、古来の王の兕馬觚はそのまま認めて据え置かれたが、その監督役として副の夷守に邪馬台国の役人があてられた。しかし奴国は邪馬台国に隷属後も北部九州の国々の中で、群を抜いて桁(けた)はずれの二万餘戸をもつ国であった。

奴国の王墓（須玖岡本遺跡）

その奴国の王都の場所は明らかでないが、王墓は春日(かすが)市の須玖岡本(すぐおかもと)遺跡とみられている。弥生中期後半の甕棺墓から鏡片を含めて前漢時代の銅鏡三十面以上、銅矛（五）・銅戈（一）・銅剣（四）のほか鹿角(ろっかく)製管玉（十三）・ガラス製勾玉（一）・ガラス製璧(へき)残欠（二）が伴出している。副葬品からみて女王ではなかったであろうか。

奴国が入貢したのは初代光武帝の建武中元二年のことで（『後漢書』8参照）、後漢朝が成立してから三十年も経た後のことであった。そのとき光武帝から印綬を賜りながら、銅鏡が後漢朝のものでなく前漢鏡であるのは、それが下賜品でなく土産として購入されたからであろう。というのは、紀元八年、王位を簒奪(さんだつ)した王莽(おうもう)によって前漢は滅ぶが、その王莽を討つとともに各地の反乱平定に多年を要し、化粧道具としての鏡の鋳造にまで及ばなかったからである。

ところが博多区の板付田端（いたづけたばた）遺跡で、弥生前期末の甕棺墓から細形銅剣（四）・細形銅矛（三）が出土し、また同じ博多区の比恵（ひえ）遺跡で中期前半の甕棺墓から細形銅剣（一）が見つかっているが、これらは朝鮮半島からもたらされたものである。

今のところ王都は不明とされているが、有名な板付遺跡から北へ約二キロ、御笠（みかさ）川右岸の福岡空港の敷地内、標高約五メートルの雀居（ささい）遺跡を重要な候補地の一つとして選びたいと思っている。同遺跡は板付遺跡と同様に炭化米も検出され、縄文晩期末からの農耕具も多数出土した。しかしここで紹介したいのは、弥生後期中頃からの大型建物の遺構である。

一九九三年三月の福岡市教育委員会の発表による雀居遺跡は、梁間約七メートル、桁行約九メートル、直径三〇センチ以上の母屋（もや）柱の柱穴八つには、二十種類以上の大小の礎板（そばん）があった。さらに同年十一月には梁間八・六メートル、桁行一二・三メートル、中央に棟持（むなもち）柱をもつ母屋柱二十ヵ所の大型高床式建物が発見された。それらの南には小型の高床式建物の遺構がいくつも固まって見つかっている。発掘面積が限られていたが、拡げるとどうなるであろうか。

つぎに不弥国であるが、古くから糟屋（かすや）郡宇美（うみ）町が地名の類音からあてられてきた。しかし須玖王墓や前記の遺跡から六キロあまりで、奴国から「百里」の距離にしてはあまりにも近すぎ、遺物もない。

　これに対し『和名抄』に見える遠賀川中流域の穂波郡穂波郷、現在は飯塚市の立岩遺跡が候補地として挙げられている。しかも奴国から三〇キロも離れた穀倉地帯の嘉穂盆地にあって発音も似ている。

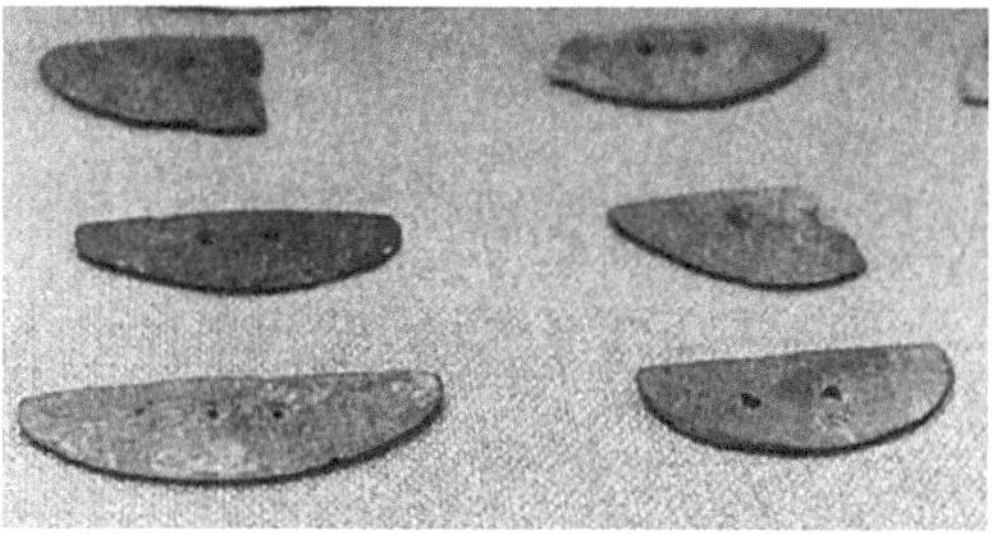

立岩遺跡の石庖丁

　同遺跡は昭和三十八年から四十年にわたって発掘調査されたが、甕棺墓が百基以上も発見された。ところが奴国のものは二つの甕の口を合わせた棺の形式、すなわち合口式であるのに対し、立岩では大型の甕に石蓋をする石蓋単甕式の棺であるところに特異性があった。

　そして弥生中期中頃の堀田一〇号甕棺墓（男性）からは前漢鏡（六）・細形銅剣（一）・細形銅矛（一）などが出土したが、女王とみられる甕棺からは前漢鏡（一）・素環頭刀子（一）のほか、ガラス製管玉五百七十個が首に巻かれていた。朝鮮半島からもたらされたものであろうが、王国の地であったことは確かである。

　さらに不弥国の経済的地盤を強めたのは、前述の伊都国が大型の伐採斧の生産地であったのに対し、ここでは輝緑凝灰岩による石庖丁の産地として、北部九州全域に配布していたことである。

その嘉穂盆地を流れる遠賀川の河床からは弥生前期～後期にわたる土器が見つかり、支流の庄内川に沿う飯塚市佐與の南遺跡の甕棺墓からはゴホウラ製貝輪、石棺墓からは後漢の内行花文鏡が出土したことで知られる。

また南に接する遠賀川上流の嘉麻市南端の馬見原田遺跡では、土壙墓や石棺墓など合わせて約百五十基の弥生中期から後期にわたる墓群があり、後漢鏡をはじめ出土品の多さは立岩遺跡につぐものとされている。実は大和で物部王朝（邪馬台国）を築いた構成員に馬見物部がみえるが、東遷しないで鞍手郡に残留していた一族が、馬見山北麓の開拓に入ったものとみてよかろう。

以上の事例から考えると、遠賀川流域に沿って分布したのは鞍手郡に居残っていた物部一族であることは確かであり、不弥国は彼らによって樹立されたものとみてよかろう。そのため邪馬台国が奴国を討滅して北部九州を制覇したとき、小国ではあるが不弥国として認めたのではなかったかと思われる。

7 南至二投馬国一、水行二十日、官曰二弥弥一、副曰二弥弥那利一、可二五万餘戸一。

南、投馬国に至るに、水行二十日、官は弥弥といい、副は弥弥那利といい、五万餘戸可なり。

〈南〉漢族の地理観で日本列島を南北に連なるとみていたことによるもので、正しくは東である。〈投馬国〉吉備国（岡山県）備中を中心とした王国。解説参照。〈水行〉2、七六ページ注参照。

＊伊都国の役所に滞在していた魏使が、大和の王都へ向けて出港することになる。ところが方位を「南」と記すのは、さきの5で解説したように、漢族の地理観が間違っていたためで、正しくは「東」へ向けて航行した。

その途中で投馬国に立ち寄ったことになるが、その投馬国がこれまでの国の戸数を大きく超えて、五万餘戸であることに注目する必要がある。

吉備という国名は後のことで、その起こりは葛城王朝の第七代孝霊帝の皇子、大吉備津日子命と若建吉備津日子命の征討で降服したことにもとづく。そして大和朝廷の氏族制において、特に地方の豪族に多くみられるが、征討将軍の皇子や豪族に出自を求めることで、高位の臣・連の姓を賜ろうとした。

それと同じ手法によって、『古事記』を見ると「大吉備津日子命は吉備上道臣の祖なり。若日子建吉備津日子命は吉備下道臣・笠臣の祖なり」とある。すなわち国号を吉備と改め、出自を征討将軍の皇子に求めたことで、臣姓として皇族に列することができた。

それでは古来の国名は何であったかということになるが、幸いにも『日本書紀』応神天皇の条に、左の如く建国の由来譚が収録されている。

葦守宮に移り居す。時に御友別、参赴けり。則ちその兄弟・子孫を以て膳夫となし

> て饗奉る。天皇、是に於いて、御友別が謹惶り侍奉るの状を看して、悦びたもう情あり。
>
> 因りて以て吉備国を割きて、その子等に封さす。則ち川嶋県を分かちて長子の稲速別に封さす、これ下道臣の始祖なり。次に上道県を以て中子の仲彦に封さす、これ上道臣・香屋臣の始祖なり。次に三野県を以て弟彦に封さす、これ三野臣の始祖なり。復、波区芸県を以て御友別が弟の鴨別に封さす、これ笠臣の始祖なり。即ち苑県を以て兄の浦凝別に封さす、これ苑臣の始祖なり。即ち織部県を以て兄媛に賜う。
>
> これを以てその子孫、今に吉備国に在るは是れその縁なり。

右は応神朝に仮託しての話であるが、一族の祖として御友別を中心に語られていることに注目されたい。ところが次頁の表でわかるように、まず備中国が御友別の兄弟で分けられ、しかも川嶋県が本宗の領域とされていることである。

備中国が建国当初の領土で、それが御友別の兄弟で分国される。そして、本宗の川嶋県は御友別の長子が継ぎ、備前国がその弟たちに分けられる。そこに計らずも国の成立の順序がみてとれる。

実はウルム最盛期の二万年前、瀬戸内海は大平原であった。そして備中国の高梁川は東へ流れて紀伊水道に入り、備後国（福山市）の芦田川は西へ向かって豊後水道に流入していた。それが縄文時代を迎える頃から海浸が始まって、縄文前期前半ごろ海水面は現在とほぼ同じになった。

吉備津彦神社

美作
播磨
高梁川
川嶋県
三野県
旭川
上道県
吉井川
笹瀬川
苑県
足守川
波区芸県
小田川
備後
児島

吉備本国の分国図

続柄	氏名	所領	後の国名	系譜
御友別の長子	稲速別	川嶋県	備中国	下道臣の祖
御友別の次子	仲彦	上道県	備前国	上道臣・香屋臣の祖
御友別の末子	弟彦	三野県	備前国	三野臣の祖
御友別の兄	浦凝別	苑県	備中国	苑臣の祖
御友別の弟	鴨別	波区芸県	備中国	笠臣の祖

吉備の分国表

ところが今でも満潮の時は、紀伊水道と豊後水道の両方から入った潮が、高梁川と芦田川の間、すなわち備中国の前面に点在する環状の小島のところでぶつかる。そして引き潮もまたそこからはじまる。いわゆる海の中の分水嶺(ぶんすいれい)で、最後まで陸地として残った地であった。

したがって瀬戸内海の残された台地や島に居残っていた縄文人たちが、本土を目がけて上陸した地点は備中国であった。そして後まで備中国が吉備の政治・文化の中心地とされたのは、右の事情によるものであった。

その一例を示すと中期古墳であるが、備中国の中央を占める総社(そうじゃ)平野に、全長三五〇メートルの巨大な前方後円墳の造山(つくりやま)古墳がある。陪塚(ばいちょう)も周りに七基あるが、仁徳(にんとく)・応神・履中(りちゅう)の天皇陵につぐ巨墳である。そして一〇〇メートルを超える前方後円墳が十八基もあることからも、その王たちの権力の大きさが想像つくであろう。

その王国を築いた「御友別」であるが、「御」は尊敬の接頭語、「別」は古代のかばねの一種で、問題は語幹の「友」to-mo である。それと「投馬」to-ma とを対比すると、母音だけが異なる。大胆なことをいうことになるが、音韻の上で母音の変化は無視してよいのである。したがって吉備国の往古の国号は、「とも」または「とま」であったことは確かであろう。

この吉備国の考証は紙数の関係でごく簡略に述べることになったが、詳しくは拙著『吉備の古代王国』(新人物往来社、一九七四年)を参照されたい。

さて、つぎに伊都国から投馬国までの「水行二十日」の問題がある。さきの5の解説で述べたように、この「二十日」も公的な旅費規定による往復の行程とみてよかろう。そこで時代には大差があるが、参考のため『延喜式』(主計上)に記す旅費規定と対比してみよう。次に示すのは京(京都)から九州の大宰府(だざいふ)までのものである。

備中国 行程上九日 下五日　海路十二日
大宰府 行程上廿七日 下十四日　海路卅日
筑前国 去レ府行程一日

右も往復で示されたものであるが、伊都国から投馬国(吉備の備中国)までは、大宰府から備中国の間とたいした差はないであろう。そこで京から大宰府までの海路三十日から、京と備中国との十二日を引くと、大宰府から備中国までの行程として往復十八日となる。しかも伊都国を考慮して、筑前国から大宰府の行程一日を加算すると十九日にもなる。

平安時代の行程表とほとんど異ならないのに驚く。右は往復の行程なので実際はその半分を要した。そして魏使はさらに大和へ向かうが、次の条に記された「水行十日、陸行一月」と合わせて見ることにしよう。

8南、至㆓邪馬壹（台）国㆒。女王之所㆑都、水行十日、陸行一月。官有㆓伊支馬㆒、次曰㆓弥馬升㆒、次曰㆓弥馬獲支㆒、次曰㆓奴佳鞮㆒、可㆓七万餘戸㆒。

南、邪馬台国に至る。女王の都する所にして、水行十日、陸行一月なり。官に伊支馬あり、次は弥馬升といい、次は弥馬獲支といい、次は奴佳鞮といい、七万餘戸可なり。

〈南〉7、九八ページ注参照。〈邪馬台国〉右の条文では「邪馬壹国」となっているが、正しくは「邪馬臺（台）国」である。詳細な考証は拙著『女王卑弥呼の国』（中公叢書、二〇〇二年）を参照されたい。〈陸行〉陸地を辿って行くこと。

＊魏使は前条7の投馬国（吉備国）から、大和にある邪馬台国の王都に向けて行くこと

になる。ここではその「水行十日、陸行一月」とある記事を、問題として取り上げることにしたい。

前条では『延喜式』に記された行程表と比較して考証したが、ここでも同じくその主計式によると、京から備中国（投馬国）までが往復で「海路十二日」とある。その片道は六日となるが、『三国志』では往復十日、片道五日で、わずか一日の差である。

ところが「陸行一月」を取り上げると、主計式では京から備中国までが「行程上九日」とあって、片道九日であるのに、『三国志』の一月を片道十五日とみても、その差があまりにも大きい。そこで検討してみる必要があろう。

主計式の京から大宰府までの陸行は、「行程上廿七日、下十四日」とある。往復では四十一日になるが、片道二十七日は一月に近い。「陸行一月」とは、主計式の「行程上廿七日」に当るものであったとみてよかろう。

しかもそのことは、われわれに大きな暗示を与えてくれる。主計式には海路はすべて往復で示され、『三国志』の記事も同様である。ところが陸行の場合、主計式では京へ上るのと京から下るのと片道ずつで示している。そのため魏使に報告するとき役人が片道の行程を教え、事情を知らない魏使が報告通りに記録したものを、『三国志』は記事として載せたものと考えられる。

そのことをもっても、『三国志』にみる水行・陸行の記事は、役所の公的な旅費規定による行程表にもとづくものであったことがわかる。

なお邪馬台国が戸数でも最大の七万餘戸であり、役人の数においても最上級の者が四人も示されている。さらに中国へ赴いた遣使の中にも、後述のように難升米(なしま)などの高級役人がおり、群を抜いた大国であったとみてよかろう。

9 自二女王国一以北、其戸数・道里可レ得二略載一、其餘旁国遠絶、不レ可レ得レ詳。

女王国より以北、その戸数・道里(どうり)は略(ほぼ)載せ得べきも、その餘の旁国(ぼうこく)は遠く絶えて、詳(つまび)らかにし得べからず。

〈道里〉みちのり。道程。〈旁国〉近傍の国。

＊「女王国より以北」の「以北」という方位を、正しく直せば「西」になり、これまで紹介した九州や投馬国（吉備国）をさす。しかしその他の国々については詳しく述べることができないといい、それらの国名を次の条で多数示している。

10 次有二斯馬国一、次有二已百支国一、次有二伊邪国一、次有二都支国一、次有二弥奴国一、次有二好古都国一、次有二不呼国一、次有二姐奴国一、次有二対蘇国一、次有二蘇奴国一、次有二呼邑国一、次有二華奴蘇奴国一、次有二鬼国一、次有二為吾国一、次有二鬼奴国一、次有二邪馬国一、次有二躬臣国一、次有二巴利国一、次有二支惟国一、次有二烏奴国一、次有二奴国一、此女王境界所レ尽。

次に斯馬(しま)国あり、次に已百支(いひゃくき)国あり、次に伊邪(いや)国あり、次に都支(つき)国あり、次に弥奴(みぬ)国あり、次に好古都(ここつ)国あり、次に不呼(ふこ)国あり、次に姐奴(そぬ)国あり、次に対蘇(つそ)国あり、次に蘇奴国あり、次に呼邑国あり、次に華奴蘇奴国あり、次に鬼国あり、次に為吾国あり、次に鬼奴国あり、次に邪馬国あり、次に躬臣国あり、次に巴利国あり、次に支惟国あり、次に烏奴国あり、次に奴国あり、此女王の境界の尽くる所なり。

＊これらの国名は事実にもとづくものでなく信じる必要はない。さきの1の条に「今使訳の通ずる所は三十国なり」とあったのを想起されたい。編者がその数に合わすべく、架空の国名を列挙したものである。

右に記された国名の総数は二十一ヵ国である。三十ヵ国には九ヵ国が不足するが、実はその九ヵ国が次に述べるように存在するので、二十一ヵ国を追加して示したのが右の記事である。

これまで国名の明らかにされたものを挙げると、対馬国・一支国・末盧国・伊都国・奴国・不弥国・投馬国・邪馬台国の八ヵ国があった。そのほかの一ヵ国は、次の条に示される狗奴国で、それらを合計すると見事に三十ヵ国になる。

編者が漢朝と交流している国が三十ヵ国あると記したこと自体が真実でなかったのに、あえてその数に合わすべく、強引に二十一ヵ国を追加したことに無理があった。しかし今でも大学人まで同じように、三十ヵ国を地図の上に求めた論文を発表している。前頁の国名は架空のため、いっさい注釈はしないことにする。

11 其南有㆓狗奴国㆒、男子為㆑王、其官有㆓狗古智卑狗㆒、不㆑属㆓女王㆒。自㆑郡至㆓女王国㆒万二千餘里。

その南に狗奴(くぬ)国あり、男子、王となり、その官に狗古智卑狗(くこちひく)あり、女王に属せず。

郡(帯方郡)より女王国に至る万二千餘里なり。

〈狗奴国〉大和国で邪馬台国と対立していた国で、大和朝廷に先行する葛城(かつらぎ)王朝をさす。拙著『神々と天皇の間』(朝日新聞社、一九七〇年)参照。

*ここに「男子が王となる」とあるので、武断的王と考えられているが、それは大きな誤りである。わが国古代は邪馬台国のように、第一次主権者としての祭事権をもつ姉(または妹)の王と、第二次主権者としての政事権・軍事権を司(つかさど)る弟(または兄)の王、すなわち二王による祭政二重主権の形態であった。

それが祭事権者としての長男と、政事権・軍事権者としての次男との組み合わせに移行する。『日本書紀』によると、葛城王朝は男王二人による統治形態であったことを示している。

したがって狗奴国の王が男子であったというが、それは第一次主権者としての祭事権者であったとみるべきであろう。そして官としての狗古智卑狗が、第二次主権を掌握する王ではなかったかと思う。

また魏朝の出先機関である帯方郡の役所から、大和の邪馬台国までの距離が一万二千餘里とあるが、『後漢書』2にみえる楽浪郡からの距離も同じく一万二千餘里と記している。

12男子無㆓大小㆒皆黥面・文身。自㆑古以来、其使詣㆓中国㆒、皆自称㆓大夫㆒。夏后少康之子封㆓於会稽㆒、断髪・文身以避㆓蛟竜之害㆒。今倭水人好沈没捕㆓魚・蛤㆒、文身亦以厭㆓大魚・水禽㆒、後稍以為㆑飾。諸国文身各異、或左或右、或大或小、尊卑有㆑差。計㆓其道里㆒、当㆑在㆓会稽・東治之東㆒。

男子は大小となく皆黥面・文身す。古より以来、その使いの中国に詣るに、皆自ら大夫と称す。夏后少康の子、会稽に封ぜられ、断髪・文身し以て蛟竜の害を避く。今倭の水人は好んで沈没し魚・蛤を捕うるに、文身はまた以て大魚・水禽を厭い、後に稍以て飾りとなす。諸国の文身は各ゝ異なり、或は左或は右、或は大或は小にして、尊卑に差あり。その道里を計るに、当に会稽・東治の東に在るべし。

〈黥面〉顔の入れ墨。『後漢書』4、五四ページ注参照。〈文身〉身体の入れ墨。『後漢書』4、五四ページ注参照。〈大夫〉『後漢書』8、六二ページ注参照。〈夏后少康〉夏后は夏の国号。少康は第六代で中興の祖とされ、その庶子が会稽に封じられ、越王句践の祖となったという。しかし一般の説では、太伯と仲雍が南方に逃れて断髪文身し、呉の始祖となったとする。〈会稽〉『後漢書』2、五〇ページ注参照。〈断髪〉これまで不明とされていたが、頭の頂上の髪を一部残して他を刈り取った倭族の特有な髪型。「序説」一四〜一七ページ参照。〈蛟竜〉竜の一種。〈水人〉水辺に住む人。〈水禽〉水上にすむ鳥。水鳥。〈道里〉9、一〇六ページ注参照。〈東治〉『後漢書』2、五〇ページ注参照。

＊倭人の習俗を記した貴重な文である。その習俗として倭人の特徴である黥面・文身、すなわち顔面の入れ墨と身体の入れ墨のほか、頭の頂に一握りの髪を残す断髪のことは、「序説」で詳しく説明しているので参照されたい。

ここで特に取り上げなければならないのは、夏后少康の子が会稽（浙江省紹興の地）に封ぜられて、倭人の習俗である断髪・文身したという記事である。注で少し説明はしているが、もっと詳しく述べておくことにする。夏の国の第六代少康の子を、越人の地の会稽に封じたとする典拠は、左の『史記』夏本紀にみる記事である。

十年、帝禹は東に巡狩し、会稽に至りて崩ず。

「巡狩」とは王が狩猟に事よせて諸侯国の政治・民情を探ることである。右の記事は禹が長江を越えた異族の会稽まで領域としていたことを述べて、夏がいかに大国であったかを示そうとしたものである。もちろん粉飾による虚構である。

ところが『史記』越王句践世家を執筆するにあたり、前掲の記事があるために、越王句践と少康の子とを血縁的に結ばないわけにはいかなくなった。左に冒頭の記事を示そう。

越王句践、その先は禹の苗裔にして、夏后帝少康の庶子なり。会稽に封じ、以て禹の祀を奉守す。文身・断髪し、草萊を披きて邑とす。

越王句践は禹の血筋として少康帝の子に出自する。会稽に封じたのは、この地で崩じた禹を祀るためで、住民と同じく文身・断髪して、荒蕪の地を開拓したというのである。

しかし越王句践の祖先としては、父の允常の名しかわかっていないのである。

以上で事情がわかったと思うが、中国で最高の史書『史記』に記されていたことから、右のごとき伝承が生まれた。しかし信じることのできないもので、周古公の子の太伯が太湖北岸に逃れてきて断髪・文身したという伝承の影響をうけて作為的につくったものであろう。

なお末尾に、日本列島が会稽・東冶の東方海上にあるという記事は、『後漢書』2の解説で詳述しているので参照されたい。

13 其風俗不レ淫、男子皆露紒、以二木緜一招レ頭。其衣横幅、但結束相連、略無レ縫。婦人被髪屈紒、作レ衣如二単被一、穿二其中央一、貫レ頭衣之。種二禾稲・紵麻一、蚕桑・緝績、出二細紵・縑緜一。

その風俗は淫ならず、男子は皆露紒にし、木緜を以て頭を招る。その衣の横幅は、但結束して相連ね、略縫うことなし。婦人は被髪屈紒にし、衣を作ること単被の如く、その中央を穿ち、頭を貫きて衣る。禾稲・紵麻を種え、蚕桑・緝績し、細紵・縑緜を出す。

〈露紒〉冠をかぶらずに髪を露出すること。〈木緜〉木綿に同じ。〈横幅〉『後漢書』4、五四ページ注参照。〈被髪〉同前。〈屈紒〉同前。〈単被〉同前。〈貫頭衣〉『後漢書』4、五四～五七ページ注・解説参照。〈禾稲〉『後漢書』3、五三ページ注参照。〈紵麻〉同前。〈蚕桑〉同前。〈緝績〉つむぐ。〈細紵〉目のこまかい麻布。〈縑緜〉かとりぎぬ。絹織物。

＊本文は『後漢書』3・4と内容的に同じなので、同箇所を参照されたい。

14 其地無二牛・馬・虎・豹・羊・鵲一。兵用二矛・楯・木弓一、木弓短レ下長レ上。竹箭或鉄鏃或骨鏃、所二有無一与二儋耳・朱崖一同。

その地には牛・馬・虎・豹・羊・鵲なし。兵には矛・楯・木弓を用い、木弓は下を短く上を長くす。竹箭あるいは鉄鏃あるいは骨鏃、有無するところ儋耳・朱崖と同じ。

〈竹箭〉竹でつくった矢。〈鉄鏃〉鉄製のやじり。〈骨鏃〉骨でつくったやじり。〈儋耳〉『後漢書』2、五一ページ注参照。〈朱崖〉『後漢書』2、五一ページ注参照。

＊さきの『後漢書』3で考証したように、同書の「その兵には矛・楯・木弓あり、竹の矢、或は骨を以て鏃となす」は、『漢書』地理志の「兵は則ち矛・盾・刀・木弓・弩・竹矢、或は骨を以て鏃となす」を採用したものであった。そして骨鏃しか記していないことについて批判した。それは倭族の習俗を知らなかったからである。ところが『三国志』は実際に倭国を見た魏使の記録などから、鉄鏃が主な武器として用いられていることを知り、鉄鏃を加えているところに真実味がある。そしてその武器が、海南島に住む

倭族の黎族の習俗と似ているものである。

15 倭地温暖、冬夏食二生菜一、皆徒跣。有二屋室一、父母・兄弟臥二息異一レ処、以二朱丹一塗二其身体一、如二中国用一レ粉也。食飲用二籩豆一手食。

倭の地は温暖にして、冬夏、生菜を食し、皆徒跣なり。屋室あり、父母・兄弟は処を異にして臥息し、朱丹を以てその身体に塗り、中国の粉を用うるが如きなり。食飲は籩豆を用いて手食す。

〈生菜〉野菜。〈徒跣〉『後漢書』5、五八ページ注。〈屋室〉同前。〈臥息〉臥しやすむ。〈朱丹〉赤い色をした丹砂。〈籩豆〉『後漢書』5、五八～五九ページ注・解説参照。

＊右の内容は『後漢書』5と同じなので、同箇所を参照されたい。この後も同じ内容のものがつづくが、『後漢書』が陳寿の『三国志』を取り入れたものとみてよい。

16 其死有レ棺無レ槨、封土作レ冢。始死停喪十餘日、当レ時不レ食レ肉、喪主哭泣、他人就歌舞飲レ酒。已葬挙レ家詣二水中一澡浴、以如二練沐一。

その死には棺ありて槨なく、封土して冢を作る。始め死するや停喪十餘日、時に当りて肉を食わず、喪主は哭泣し、他の人は就きて歌舞し酒を飲む。已に葬れば家を挙げて水中に詣りて澡浴し、以て練沐の如し。

〈棺〉遺体を納めて葬るもの。〈槨〉そとひつぎ。〈封土〉土を盛り上げて祭壇とする。

〈冢〉墓。〈停喪〉『後漢書』6、五九ページ注参照。〈哭泣〉同前。〈就〉『後漢書』6、五九ページ注参照。〈澡浴〉水あみと髪を洗うこと。〈練沐〉行法としての水浴び。

＊この頃は古墳時代以前なので、古墳のごとく高く土盛りした封土はなく、棺を埋めた所に低く土盛りして、その周りを溝で囲む周溝墓の形式であった。

また『後漢書』6で付記したように、喪でありながら歌舞することを理解するためには、『隋書』19の「殯」の箇所で説明したく、同箇所を参照されたい。

17 其行来渡レ海詣二中国一、恒使下一人、不レ梳レ頭、不レ去二蟣蝨一、衣服垢汚、不レ食レ肉、不レ近二婦人一、如中喪人上、名レ之為二持衰一。若行者吉善、共顧二其生口・財物一、若有二疾病一、遭二暴害一、便欲レ殺之。謂二其持衰不一レ謹。

その行来に海を渡りて中国に詣るには、恒に一人をして、頭を梳らず、蟣蝨を去らず、衣服は垢汚し、肉を食わず、婦人を近づけず、喪人の如くにせしめ、之を名づけて持衰となす。若し行者の吉善なれば、共としてその生口・財物を顧い、若し疾病あり、暴害に遭えば、便ち殺さんと欲す。その持衰の謹まざりしと謂う。

〈行来〉『後漢書』7、六一ページ注参照。〈梳〉櫛で髪をすく。〈蟣蝨〉しらみ。〈垢汚〉あかにけがれること。〈喪人〉喪に服している人。死者の身内の者で、ある期間、他との公的交際を避けている人。〈持衰〉『後漢書』7、六一～六二ページ注・解説参照。

〈行者〉仏道などを修行する人。〈吉善〉めでたいこと。〈共〉『後漢書』7、六一ページ注参照。〈生口〉『後漢書』9、六五ページ注参照。〈顧〉『後漢書』7、六一ページ「雇」注参照。〈疾病〉やまい。

＊この文は『後漢書』7と同じ内容なので、同箇所の解説を参照されたい。

ただ一言のべておきたいのは「共」のことで、その意味を探るのに苦心した。『後漢書』の方では文の末尾に「便共殺之」とあり、持衰は一人なのに他の誰をもう一人殺すのか、その理解に苦しんだのである。『三国志』では場所が違い、生口や財物を顧いるところに「共」があり、それも同じようにおかしい。その結果、法・規則の意としての「共」を見つけて落ちつくことになった。

それにしても、小舟数隻を連ねての航海であったと思うが、持衰をはじめ、土産として数名の奴隷（生口）をどのようにして運んだのか、今もって理解できていないのである。

18 出二真珠・青玉一。其山有レ丹、其木有二柟・杼・豫樟・楺櫪・投橿・烏号・楓香、其竹篠簳・桃支一。有二薑・橘・椒・蘘荷一、不レ知三以為二滋味一。有二獮猴・黒雉一。

真珠・青玉を出す。その山には丹あり、その木には柟・杼・豫樟・楺櫪・投橿・烏号・楓香、その竹には篠簳・桃支あり。薑・橘・椒・蘘荷あるも、以て滋味となすを知らず。獼猴・黒雉あり。

〈柟〉くすのき。『説文解字』には「梅なり」とある。〈杼〉つるばみ。どんぐりの木。〈豫樟〉くすのき。〈楺櫪〉不明。〈投橿〉かしの一種。〈烏号〉弓を作る木。『史記』『淮南子』に黄帝の逸話としてみえる。〈楓香〉かえでの一種。〈篠簳〉しの竹。〈桃支〉不明。〈薑〉はじかみ。しょうが。〈橘〉たちばな。〈椒〉さんしょう。〈蘘荷〉みょうが。〈獼猴〉猿の一種。〈黒雉〉一般の雉。白雉に対する。

＊旅びととして身近な物を挙げたのであろうが、必ずしも正確な名とはいえないとみてよい。

19 其俗挙事・行来、有レ所ニ云為一、輒灼レ骨而卜、以占ニ吉凶一、先告レ所レ卜。其辞如ニ令亀法一、視ニ火坼一占レ兆。

その俗、挙事・行来に、云為する所あれば、輒ち骨を灼きて卜し、以て吉凶を占い、先ず卜する所を告ぐ。その辞は令亀の法の如く、火坼を視て兆を占う。

〈俗〉習俗。〈挙事〉仕事や事業を始めること。〈行来〉『後漢書』7、六一ページ注参照。〈云為〉言うことと為すこと。〈令亀の法〉亀甲を灼いて出たあやで判断する占いの方法。〈火坼〉灼いて生じる裂けめ。〈兆〉しるし。うらかた。

＊中国雲南から東南アジアにかけての山岳地帯には、多くの倭族に属する少数民族が住

鶏の脚骨占い(雲南、景頗族)

んでいる。彼らは何事によらず鶏の脚骨で占っていた。その脚骨に小さな孔が一つか二つあって、二本の脚骨を並べて指先で持ち、その孔に楊枝のように細く削った竹を刺し、どちらの方向に向くかで万事を占う。『史記』にも「越人、俗に鬼を信じ、……鶏を以てトす」とみえ、倭族全般の占い方であったことがわかる。

しかしわが国では鶏の脚骨占いの習俗は見えない。庶民のものなので記録に残らず消えたのかもしれない。

文献に記されたものは雄鹿の肩骨を灼いて占うもので『古事記』などに見えるが、その後に中国から亀甲を灼いて、裂けめで占う方法が伝えられ、大嘗祭で長く用いられてきた。それらについては『後漢書』6の解説を参照されたい。

20其会同坐起、父子・男女無レ別。人性嗜レ酒。見二大人所一レ敬、但搏レ手以当二跪拝一。其人寿考、或百年、或八九十年。

その会同の坐起には、父子・男女に別なし。人の性は酒を嗜む。大人を敬うところを見るに、但手を搏ち以て跪拝に当てる。その人の寿考は、或は百年、或は八、九十年なり。

〈会同〉『後漢書』5、五八ページ注参照。〈坐起〉坐ることと立つこと。〈人性〉『後漢書』5、五八ページ注参照。〈嗜〉同前。〈大人〉同前。〈搏〉素手でうつこと。〈跪拝〉ひざまずいて拝む。〈寿考〉『後漢書』5、五八ページ注参照。

＊この条も『後漢書』5の文と内容の上で同じものがみえる。『後漢書』には百歳以上の者が甚だ多いとあるが、それは言い過ぎで、実際には短命であったであろう。
また大人に対して跪く代わりに手を打ったとあるが、それは魏使にそのように見えたのであって、実際は両手を合わせて敬意を示すものであったと思う。

21其俗、国大人皆四五婦、下戸或二三婦。婦人不レ淫、不二妒忌一。不二盗窃一、少二諍訟一。其犯レ法、軽者没二其妻子一、重者滅二其門戸及宗族一。尊卑各有二差序一、足二相臣服一。

その俗、国の大人は皆四、五婦、下戸もあるいは二、三婦。婦人は淫らならず、妒忌せず。盗窃せず、諍訟少なし。その法を犯せば、軽き者はその妻子を没し、重き者はその門戸および宗族を滅す。尊卑に各〻差序あり、相臣服するに足る。

〈下戸〉貧民とは限らず一般庶民の意で用いている。〈妒忌〉ねたみいむ。〈盗窃〉『後漢書』6、五九ページ注参照。〈諍訟〉あらそって訴えること。〈門戸〉家。〈宗族〉一族。門族。〈尊卑〉尊い身分と卑しい身分。貴賤。〈差序〉順序に従ったちがい。〈臣服〉臣下となって従いつかえる。

＊本条も『後漢書』5・6と同じ内容のものが認められる。ところで、ここに「下戸」という用語が見えるが、その解釈について一言しておく必要がある。
中国の辞書で「下戸」というと貧者をさし、反対に「上戸」は富者の意で用いられる。

わが国でも古くは同じであった。

例えば養老令を解釈した『令義解』田令で、「上ノ戸ニ桑三百根、漆・百根以上。中ノ戸ニ桑二百根、漆七十根以上。下ノ戸ニ桑一百根、漆卌根以上」とある。このほか持統五年（六九一）十二月八日格の宅地、和銅六年（七一三）二月十九日格の資材なども、階層別として用いられている。

ところが鎌倉時代から大きく変わり、「上戸」は酒がたくさん飲める人、「下戸」は反対に酒が飲めないたちの人を意味するようになった。そして現在もそのように理解されている。

したがって本条の「下戸」は貧民の意であるが、貧者が二、三婦を持つとは考えられず、『後漢書』が「その餘の者」としているのが適当であろう。

22 収二租賦一、有二邸閣一。国国有レ市、交二易有無一、使二大倭監一之。

租賦を収め、邸閣あり。国国に市あり、有無を交易し、大倭をして監せしむ。

〈租賦〉年貢。〈邸閣〉糧食を貯える所。倉庫。〈市〉人が集まって物品の交易をするところ。〈有無〉あるものとないもの。〈交易〉品物と品物とを取り換えること。取り引き。〈大倭〉中国はわが国を「倭」「倭国」と称したが、全国を統一した邪馬台国に対して「大」をつけたもの。〈監〉とりしまる。

＊地方の国々に租税を納める倉があり、また市場も盛況であるが、それらをすべて邪馬台国が監督支配しているという意である。国家統一が果たされている状況を示したものである。

23 自㆓女王国㆒以北、特置㆓一大率㆒、検㆓察諸国㆒、諸国畏㆓憚之。常治㆓伊都国㆒、於㆓国中㆒有㆑如㆓刺史㆒。王遣㆑使詣㆓京都・帯方郡・諸韓国㆒、及郡使㆓倭国㆒、皆臨㆑津捜露、伝㆓送文書・賜遺之物㆒詣㆓女王㆒、不㆑得㆓差錯㆒。

女王国より以北に、特に一の大率を置き、諸国を検察し、諸国は畏憚す。常に伊都国に治し、国中に於いて刺史の如きあり。王の使いを遣わして京都・帯方郡・諸韓国に詣り、及び郡の倭国に使いするに、皆津に臨みて捜露し、文書・賜遺の物を伝送して女王に詣るに、差錯するを得ず。

〈大率〉邪馬台国から北九州に派遣された長官の中国的呼称。〈検察〉犯罪を調べ証拠を集めること。〈畏憚〉おそれはばかる。〈刺史〉前漢の武帝のとき置く諸国督察の官。〈京都〉ここでは魏朝の都、洛陽のこと。〈捜露〉さがし明らかにする。〈賜遺之物〉贈り物。〈差錯〉いりみだれる。

＊本条には他書にみえない重要な事項が記されている。その理解のためには、『後漢書』10で明らかにしたように、霊帝の光和年中における倭国大乱で、倭国の政情が大き

く変わったことを念頭におかねばならない。

すなわち、それまでは北部九州の覇者であった奴国が、後漢朝から倭国を代表する倭国王と称されていた。ところが大乱によって、奴国は大和の邪馬台国によって討滅され、新たに邪馬台国が全国を統一した倭国王として君臨することになったからである。前条もその新政権としての一端を示したものであるが、ここではさらに如実にその姿を見られるであろう。

まず訂正しておかなければならないのは、方位として北部九州を「女王国の以北」と記していることである。再三述べるように、これは中国の地理観の間違いにもとづくもので、正しくは「以西」とすべきである。

さて、ここには二つの事柄が記されている。一つは、邪馬台国から派遣された一人の大率（長官）が、伊都国内に置く役所に常駐して諸国を厳しく監察しているので、刺史のごとくに怖れられているということである。

そして二つは、伊都国の港における船の検閲である。すなわち倭国から魏朝や韓国へ赴く遣使をはじめ、それらの国から来訪する使者たちの取り締まりである。さらに女王への文書や贈り物を届けるのに、絶対に支障がないということである。つまり、大率の強大な権力のほどが示されているものである。

その大率の役所が奴国でなく「千餘戸」の小国の伊都国に置かれたことについて、これまで諸説が出された。代表的なものを示してみよう。

一つは『翰苑』（巻三〇）に載せる『魏略』の逸文（「魏志」が採用するが誤写多し）に「戸万餘」とあることで、伊都国が大国であったからという。他の一つは、伊都国が邪馬台国を盟主としていたからであるという。

博多湾には那珂川をはじめとして多くの河川が流入しているが、すべて遠浅であった。現在の博多港の基をつくったのは、平清盛の力によるものである。水深のある良港としては、奴国の時代にも用いていた旧伊都国の今津湾しかなかった。

その今津湾の津港として候補地とされてきたのは、海岸に沿う今宿であった。それは背後の丘陵に大型の前方後円墳が多いことからである。

ところがその西側で、一九九一年に福岡市教育委員会によって発掘調査された周船寺三丁目の遺跡（現・福岡市西区）は、海抜六〜七メートルで、掘立柱建物や穀倉など数棟の遺構が並んで見つかっている。筆者はそこを当時の「周船司」の跡として認めている。拙著『弥生の王国』『女王卑弥呼の国』を参照されたい。

さて、最後に取り上げたいのは「大率」のことである。実は『後漢書』東夷伝・倭人の条のすぐ前にある馬韓の条に、

大率皆魁頭・露紒、布袍・草履。

とある。しかしこの「大率」は「おおむね、大概」の意で、その文意は「おおむね皆が冠をかぶらずに髪を露出し、布の大袖の着物をつけ、わらぐつを履いている」というものである。しかもこれが「大率」の一般の用法である。日本の辞書「おおむね」の項を

みると、「大率」とも書くとあった。

ところが『広韻』によると「率、将也」とある。そこで本条にみる「大率」は大将の意で用いられた珍しい例で、そのため、あえて「一大率」と表現して「一」（ひとり）という語を加えたものと思う。

24 下戸与二大人一相二逢道路一、逡巡入レ草。伝レ辞説レ事、或蹲或跪、両手拠レ地、為二之恭敬一。対応声曰レ噫、比如然諾。

下戸の大人と道路に相逢えば、逡巡して草に入る。辞を伝え事を説くには、或は蹲み或は跪き、両手は地に拠り、之を恭敬となす。対応の声は噫といい、比如然諾なり。

〈下戸〉21、一一九ページ解説参照。〈逡巡〉あとにさがる。しりごみする。〈草〉くさはら。くさむら。〈恭敬〉『後漢書』5、五八ページ注参照。〈対応〉互いに向き合う。相対する。〈噫〉物事に感じて出す声。〈比如〉たとえば。〈然諾〉承諾。

＊「下戸」は貧者の意であるが、ここでも前掲の21と同じく一般庶民と解すべきであろう。跪いたり手を地につくのは東洋的敬意の表わし方であろうが、『後漢書』では「蹲跪を以て恭敬となす」とみえる。

25 其国本亦以二男子一為レ王、住七八十年。倭国乱、相攻伐歴レ年。乃共立二一女子一為レ王。

名曰二卑弥呼一、事二鬼道一、能惑レ衆。年已長大、無二夫壻一、有二男弟一佐二治国一。

その国は本も亦男子を以て王となし、住まること七、八十年なり。倭国乱れ、相攻伐して年を歴る。乃ち共に一女子を立てて王となす。名づけて卑弥呼といい、鬼道に事え、能く衆を惑わす。年已に長大にして、夫壻なく、男弟あり国を佐治す。

〈本〉おこり。はじめ。〈亦〉すべて。〈攻伐〉『後漢書』10、六六ページ注参照。〈鬼道〉同前。〈夫壻〉おっと。〈佐治〉政治をたすけて国を治める。

＊この条で注目すべき重要なことは、邪馬台国では初めからすべて男王であったと述べていることである。それは『三国志』の編者である陳寿が、気を回しすぎたことから犯した大きな誤りである。

そうした考えをもったのは、「男弟あり国を佐け治む」とみえて、姉の卑弥呼を弟が補佐しなければならなかったと解釈したからであろう。太古から男帝によって統治された漢族には、わが国の特殊な国柄が理解できなかったのも無理はない。わが国古代は、前掲の『後漢書』10でも紹介したように、第一次主権者として祭事権をもつ姉（または妹）と、第二次主権者として政事権・軍事権をもつ弟（または兄）との祭政二重主権の形態、すなわち二人の王によって統治されていたのである。

それにしても、なぜ夫妻でなく、兄弟姉妹で組まれていたかということ、そのことも大きな問題なので一言しておきたい。

沖縄の事例で説明すると分かりやすいが、姉妹を「ヲナリ」wunai、兄弟を「ヱケリ」wikiといい、姉妹は兄弟の守護神として「ヲナリ神」と呼ばれている。古い歌謡を集録した『おもろさうし』（二十二巻）にはヲナリ神の歌が多く見られるが、その一つを示してみよう（拙著『おもろさうし全釈』全五巻、清文堂出版、一九六八年、参照）。

一、あが、おなり、みかみの　　一、吾がおなり御神の
まぶら、でて、おわちゃむ　　守らんとて御座したらむ。
やれ、ゑけ　　やれ、え、け（掛け声）
又、おと、おなり、みかみの　　又、弟おなり御神の（一節二行目から折り返し、以下同）
又、あや、はべり、なりよわちへ　　又、文はぶり（蝶）、成り御座して
又、くし、はべり、なりよわちへ　　又、奇はぶり、成り御座して

航海している船頭の舟の近くに、一羽の美しい蝶が飛んできた。あれは妹なるヲナリ神が蝶に化身して、自分を守ろうとしてきたのだと詠んだものである。

妻はヲナリ神になれないが、姉妹のないときは従姉妹が代役できるという。第二次世界大戦に沖縄から多くの若者が召集されたが、彼らはヲナリ神から盃をいただき、彼女の髪を守り袋に入れて出征した。

かつて奈良県宇陀郡に調査に行って話していた古老が、夕食近くに帰ってきた妻に向かって、「ヲナリ婆さん、早う飯持って来い」といったのに驚いたことがある。

生得的にヲナリ神として神的素質をもつ姉妹の霊力に守られて、その兄弟が政事・軍

事に従事するという形式、すなわち祭政二重主権の形態が最上であると信じて、姉弟（または妹兄）の組み合わせになることになったのであろう。

なお卑弥呼は女王と称されながら、いっさい世俗的な政治とは関係なく、祭事に専念していた。そして彼女が独身を守り毎日潔斎につとめたのは、神としての霊力を高めるとともに、同体である祖神の霊的力をも高めるためであった。それによって戦勝をはじめ、穀物の豊穣・国民の平和をもたらすことができると信じられていたのである。

26 自レ為レ王以来、少レ有二見者一。以二婢千人一自侍、唯有二男子一人一給二飲食一、伝レ辞出入。居二処宮室・楼観一、城柵厳設、常有レ人持レ兵守衛。

王となりてより以来、見ゆる者あるは少なし。婢千人を以て自ら侍り、唯男子一人ありて飲食を給し、辞を伝えて出入す。宮室・楼観に居処し、城柵は厳しく設け、常に人あり兵を持ちて守衛す。

〈宮室〉『後漢書』11、六九ページ注参照。〈楼観〉『後漢書』11、六九〜七〇ページ注・解説参照。〈居処〉『後漢書』11、六九ページ注参照。〈城柵〉『後漢書』5、五八ページ注参照。

＊前条につづいて、女王卑弥呼の王城における生活について述べたものである。ところが『後漢書』11の「侍婢千人」はよいが、本条の「以二婢千人一自侍」（自ら侍り）では意味にならず、「自侍」すなわち「自負する」の誤写かと思った。ところが

「侍」が「恃」（たのむ）に通じることがわかり、原文のままにすることにした。なお「婢千人」は漢族の誇大表現である。

また「楼観」は祭事権者である女王卑弥呼が祭祀を行う高殿であるが、詳しい説明は『後漢書』11の解説を参照されたい。

27 女王国東渡レ海千餘里、復有レ国、皆倭種。又有二侏儒国一在二其南一、人長三四尺、去二女王（国）一四千餘里。又有二裸国・黒歯国一、復在二其東南一、船行一年可レ至。参二問倭地一、絶二在海中洲島之上一、或絶或連、周旋可二五千餘里一。

女王国の東、海を渡ること千餘里にして、復国あり、皆倭種なり。また侏儒国あり、その南に在り、人の長三、四尺、女王国を去ること四千餘里なり。また裸国・黒歯国あり、復その東南に在り、船行一年にして至るべし。倭の地を参問するに、海中の洲島の上に絶在し、或は絶え或は連なり、周旋五千餘里可なり。

〈倭種〉『後漢書』12、七〇ページ注参照。〈侏儒国〉同前。〈裸国〉同前。〈黒歯国〉同前。黒歯は「おはぐろ」か。〈参問〉あずかりしらべる。〈洲島〉海中の陸。〈絶在〉遠くはなれて存在していること。〈周旋〉めぐりまわる。

＊前掲の10で二十一ヵ国の国名を列挙しながら、なぜまた『後漢書』12と同じ内容の文を採用して載せたのか、その意図が不明である。『魏略』にあったのを無批判に取り入れたものであろう。しかも国名は『山海経』にみえる空想的なものである。

28 景初二（三）年六月、倭女王遣二大夫難升米等一詣レ郡、求下詣二天子一朝献上。太守劉夏遣レ吏将送詣二京都一。

景初三年（二三九）六月、倭の女王が大夫の難升米等を遣わして郡に詣り、天子に詣りて朝献せんことを求む。太守の劉夏、吏を遣わし将い送りて京都に詣る。

〈大夫〉『後漢書』8、六二ページ注にあるとおり、漢代の官称で、魏朝もつぐ。〈郡〉ここでは「帯方郡」のこと。〈太守〉漢の景帝の時から、郡の民を治める長官の称。〈朝献〉天子に謁見して方物を貢献すること。〈吏〉役人。〈京都〉23、一二一ページ注参照。〈将〉ともに。ともなう。

＊まず原文の「景初二年六月」を「三年」に訂正しなければならない理由について説明しておきたい。なお『梁書』6では景初三年と記す。

遼東（遼寧省の遼河以東）から朝鮮半島北部にかけてを領有し、燕王を名乗って謀叛する公孫淵を討滅したのが景初二年八月で、『三国志』巻三・明帝紀で示すと、

二年八月丙寅、公孫淵を襄平（郡治の地、遼寧省遼陽の北）に囲み、大いに破り、淵の首を京都に伝え、海東諸郡、平らぐ。

とみえ、同書・巻八にも、

二年八月壬午、淵の首を洛陽に伝え、遼東・帯方・楽浪・玄菟、悉く平らぐ。

とある。右の記事でわかるように、魏朝に入貢するためには、まず魏の出先機関がある朝鮮半島北部の帯方郡の役所へ出向かねばならないが、その地方一帯が公孫淵の支配下にされていた。その公孫淵の父子を誅殺したのが景初二年八月である。それ以前の六月に帯方郡の役所に行くことは、絶対にできなかったからである。そのため「二年」は誤記とされる。

倭国の使者は六月に帯方郡の役所に到着し、魏の都の洛陽に行って皇帝に謁見できるよう願い出た。郡の太守はさっそく役人を都へ行かせ、役人は倭国の使者を連行することの許可をもらい、郡に帰って太守に報告する。そこで使者を伴って上京することになる。その間に五ヵ月ほどかかる。

29 其年十二月、詔書報二倭女王一曰、「制二詔親魏倭王卑弥呼一。帯方太守劉夏遣レ使、送二汝大夫難升米・次使都市牛利一、奉二汝所レ献男生口四人・女生口六人・班布二匹二丈一、以到。汝所在踰遠、乃遣レ使貢献。是汝之忠孝、我甚哀レ汝。

その年の十二月、詔書して倭の女王に報せていわく、「親魏倭王卑弥呼に制詔す。帯方太守の劉夏、使いを遣わし、汝の大夫の難升米・次使の都市牛利を送り、汝の献ずる所の男の生口四人・女の生口六人・班布二匹二丈を奉り、以て到る。汝の所在は踰遠なるに、乃ち使いを遣わして貢献す。是れ汝の忠孝、我れ甚だ汝を哀れむ。

〈詔書〉天子のおぼしめしを記した書。みことのりを記した書。〈制詔〉天子の命令。天子のみことのり。〈生口〉『後漢書』9、六五ページ注参照。〈班布〉布の名。〈匹〉布帛四丈。すなわち二反の称。〈踰遠〉遠く越えて来ること。〈貢献〉みつぎ物をたてまつる。〈忠孝〉忠はよく君に仕え、孝はよく親に仕えること。〈哀〉いつくしむ。

＊倭国の使者は帯方郡の役人に伴われて、景初三年の十一月か十二月上旬に魏の都に到着したとみてよい。そして朝廷に参上して、女王に対しての詔書を賜るが、本条はその冒頭の部分である。

その詔書の文は以降につづくが、長文であることと、贈り物の多さなど、これまでの他国に見られなかったことである。そのことは海を隔てた遠国からの朝貢を、皇帝がいかによろこんだかを物語るものであろう。

30 今以汝為親魏倭王、仮金印・紫綬、装封付帯方太守仮授汝。其綏撫種人、勉為孝順。汝来使難升米・牛利渉遠、道路勤労。今以難升米為率善中郎将、牛利為率善校尉、仮銀印・青綬、引見労賜遣還。

今、汝を以て親魏倭王となし、金印・紫綬を仮し、装封して帯方の太守に付し汝に仮授す。それ種人を綏撫し、勉めて孝順をなせ。汝が来使の難升米・牛利は遠きを渉り、道路に勤労す。今、難升米を以て率善中郎将となし、牛利は率善校尉となし、銀印・青綬を仮し、引見労賜し還し遣わす。

〈親魏倭王〉魏のしたしい倭国の王の意で、魏国の皇帝から女王卑弥呼に授けられた呼称。

〈紫綬〉貴人が帯びる紫色の印のひも。〈仮〉かりに与える。〈装封〉つめてとじる。〈仮授〉かりに授ける。〈種人〉同一種族の人。〈綏撫〉安んじていたわる。〈孝順〉父母に気に入るようよく仕える。〈勤労〉つとめ働く。つとめ骨おる。〈青綬〉印につける青色のひも。〈引見〉引き入れて対面する。呼び寄せて会う。〈労賜〉ねぎらって物を賜う。

＊詔書には女王卑弥呼に「親魏倭王」の称号とともに金印紫綬を賜うこと、そして贈り物などとともにまとめて、帯方郡の太守に托して届けると記されている。また使者二人に対しても、高位の称号と銀印青綬が授けられることになった。

この時が最初の入貢であったためか、使者の難升米は邪馬台国でよほどの高位者であったようである。この後も数回、彼の名前が見えるので記憶しておいていただきたい。

31 今以二絳地交竜錦五匹・絳地縐粟罽十張・蒨絳五十匹・紺青五十匹一、答二汝所レ献貢直一。又特賜二汝紺地句文錦三匹・細班華罽五張・白絹五十匹・金八両・五尺刀二口・銅鏡百枚・真珠・鉛丹各五十斤一、皆装封付二難升米・牛利一。還到録受、悉可下以示二汝国中人一使上レ知二国家哀一レ汝。故鄭重賜二汝好物一也。」

今、絳地交竜錦五匹・絳地縐粟罽十張・蒨絳五十匹・紺青五十匹を以て、汝が献ずる所の貢直に答う。また特に汝に紺地句文錦三匹・細班華罽五張・白絹五十匹・金八両・五尺刀二口・銅鏡百枚・真珠・鉛丹各ゝ五十斤を賜い、皆装封して難升米・牛利に付す。還り到らば録受し、悉く以て汝の国中の人に示し、国家が汝を哀れむを知らしむべし。故に鄭重に汝に好物を賜うなり」と。
〈絳地〉赤い色をしたもの。〈交竜錦〉蛟竜の模様のある錦。〈縐粟罽〉こまかくちぢんだ毛織物。〈張〉幕などを教える数詞。〈蒨絳〉あざやかな茜色の織物。蒨は赤の名。〈紺青〉顔料の一。ぐんじょうの一層濃い織物。〈貢直〉私心のないみつぎ。〈紺地〉紺色をしたもの。〈句文錦〉曲りくねった紋のある錦。〈細班〉こまかいまだら。〈華罽〉はなやかな色の毛織物。〈白絹〉白い絹織物。〈鉛丹〉鉛を用いた紅色結晶性の粉末で、顔料・絵具またガラスの製造に用いる。〈録受〉書面に記して受け取る。〈鄭重〉ねんごろ。

＊ここには魏朝からの贈り物の品名が列挙されている。それらの物品については注を参照されたい。

ここで特に取り上げたいのは、わが国でしばしば問題にされる「銅鏡百枚」のことである。その「百」が数の多いことの比喩であることについては再三述べてきたが、多くて鏡二十～三十面であったと考えればよいと思う。

その鏡について、これまで三角縁神獣鏡が当てられ、今でも出土のたびに新聞を賑わしている。しかし出土数が五百面を超えることをもっても、該当しないものとして結論づけるべきであろう。また三角縁神獣鏡を伴出する古墳も、四世紀以降のものであることを知ってほしいのである。さらに魏の紀年銘のある鏡であるが、ほとんど一字は判読できず、それを強引に魏の年号と結びつけている傾向も認められる。これも白紙に戻してよいのではなかろうか。

32正始元年、太守弓遵遣二建中校尉梯儁等一、奉二詔書・印綬一詣二倭国一、拝二仮倭王一、幷齎レ詔賜二金・帛・錦・罽・刀・鏡・采物一。倭王因レ使上表答二謝詔恩一。

正始元年（二四〇）、太守の弓遵、建中校尉の梯儁等を遣わし、詔書・印綬を奉じて倭国に詣り、倭王に拝仮し、幷に詔を齎し金・帛・錦・罽・刀・鏡・采物を賜う。倭王は使いに因りて上表し詔恩に答謝す。

〈詔書〉29、一三〇ページ注参照。〈印綬〉『後漢書』8、六二ページ注参照。〈奉〉うやうやしくささげる。〈拝仮〉許されてまみえる。〈帛〉きぬ。〈罽〉毛織物。毛氈。毛と綿で加工して織った敷物。〈采物〉彩色文章を施したもの。〈上表〉表をたてまつる。〈詔恩〉天子のありがたいみことのり。〈答謝〉答礼の言葉をのべる。

*倭国の使者が魏朝に参上したのは景初三年（二三九）十二月頃であった。彼らは翌正始元年（二四〇）の春、すなわち旧三月～五月の間に海峡を渡って帰国したはずである。

それに対し同じ正始元年に、帯方郡の太守は魏朝から委託された女王への詔書・金印その他の物品を、郡の役人に持たせて倭国に行かせ、女王にもたらした。月日は記されていないが、既述したように朝鮮海峡・対馬海峡を渡るのは春の季節に限られている。すぐ後を追って、帯方郡の役人も海を渡ったとみてよかろう。

あえて右のことを述べたのは、倭国の使者を伴って魏朝まで行った帯方郡の役人が、倭国の使者におくれて都を出立したとしても、わずか一ヵ月の後であったであろう。その間に持たせて行かす魏の鏡が、いくら鋳造できるかということである。

さらにもう一つ、景初二年までは大軍をもっての戦の連続であった。そのためには武器をつくるに必要な銅の需要は莫大で、化粧具の銅鏡など鋳造できなかったであろうし、もちろんストック品はなかったはずである。そうしたことも考慮しなければならないことであろう。

なお魏の皇帝へお礼のための遣使の年月は記されていないが、翌二年のことであったと思う。

33 其四年、倭王復遣二使大夫伊声者・掖邪拘（狗）等八人一、上二献生口・倭錦・絳青縑・緜衣・帛布・丹木・𤝔・短弓矢一。掖邪狗等壱二拝率善中郎将印綬一。

その四年（二四三）、倭王は復大夫の伊声者・掖邪狗等八人を遣使し、生口・倭錦・絳青縑・緜衣・帛布・丹木・𤝔・短弓矢を上献す。掖邪狗等は率善中郎将の印綬を壱拝す。

〈遣使〉外国へ派遣する使者。〈倭錦〉日本の錦。〈絳青縑〉紅糸と青糸で織った絹のぬの。〈緜衣〉つむぎの衣服。〈帛布〉絹のぬの。〈丹木〉木の名。〈𤝔〉動物の名。〈壱拝〉ひとしくたまわる。

＊この正始四年（二四三）の朝貢は一般の儀礼的なものであったのであろうか。というのは、次の同六年に魏の軍旗を授かることが見え、さらに同八年には魏の軍使一行が渡来するという事情にまで発展する。

34 其六年、詔賜二倭難升米黄幢一、付レ郡仮授。

その六年（二四五）、詔して倭の難升米に黄幢を賜い、郡に付して仮授す。

〈黄幢〉軍の指揮に用いる黄色の旗。軍旗。〈仮授〉30、一三一～一三二ページ注参照。

＊黄幢は魏の軍旗であるが、その軍旗が帯方郡を通して難升米に授けられる。そして八年の時にも、救援のために渡来した魏の軍使から難升米に軍旗が渡される。そのことから、難升米は邪馬台国の将軍であったように思われる。そう考えると、景初三年の初めての入貢の時、彼を使者としたのは、魏の軍事を学ばせることを考えてのことであったのであろう。

なお付言しておきたいのは、既述した邪馬台国の政事権・軍事権をもつ男王は統轄者であって、実戦の指揮をとる将軍ではない。

35 其八年、太守王頎到レ官。倭女王卑弥呼与二狗奴国男王卑弥弓呼一素不レ和。遣二倭載斯・烏越等一詣レ郡説二相攻撃状一。遣二塞曹掾史張政等一因齎二詔書・黄幢一、拝三仮難升米一為レ檄告喩之。

その八年（二四七）、太守の王頎、官に到る。倭の女王の卑弥呼は狗奴国の男王の卑弥弓呼と素より和せず。倭は載斯・烏越等を遣わし郡に詣り相攻撃する状を説く。塞曹掾史の張政等を遣わし、因りて詔書・黄幢を齎し、難升米に拝仮し檄を為りて告喩す。

〈官〉役所。ここでは魏朝の役所。〈素〉初めから。〈詔書〉29、一三〇ページ注参照。〈黄幢〉34、一三六ページ注参照。〈拝仮〉32、一三四ページ注参照。〈檄〉ふれ。さとしぶみ。〈告喩〉つげさとす。

＊正始八年（二四七）に帯方郡の太守みずからが魏朝に赴いた。そして倭国の使者らが郡に来て、狗奴国と戦争状態にあり、至急救援してほしいと訴えに来たことを報告した。太守自らが告げに来るほどの重大さに感じた魏朝では、さっそく軍使の張政らに詔書と軍旗を持たせて派遣し、軍旗は将軍の難升米に渡して激励したという。

この条で邪馬台国の女王と狗奴国の男王との名を挙げ、前々から仲が悪かったと記している。その狗奴国の男王のことであるが、彼は邪馬台国で女王を補佐する政事権・軍事権をもつ男王ではなく、邪馬台国の女王と同じ祭事権者、すなわち第一次主権者であった。そのことがわかると、両国の仲の悪さを最高主権者の名で示したにすぎないことが理解できるであろう。

36 卑弥呼以死。大作レ冢。径百餘歩、徇葬者奴婢百餘人。更立ニ男王一国中不レ服、更相誅殺、当時殺二千餘人一。復立二卑弥呼宗女壱（台）与一、年十三為レ王、国中遂定。政等以レ檄告二喩壹（台）与一。

卑弥呼以て死す。大いに冢を作り、径百餘歩、徇葬者の奴婢百餘人なり。更りて男王を立てるも国中は服わず、更相誅殺し、当時千餘人を殺す。復卑弥呼の宗女の台与を立て、年十三にして王となり、国中遂に定まる。政等は檄を以て台与に告喩す。

〈冢〉16、一一三ページ注参照。〈徇葬者〉王の死にしたがって死んで葬られる者。〈奴婢〉男のしもべと女のしもべ。秦漢以後、貧民の子を売買する奴婢市場が開放された。〈誅殺〉罪をせめて殺す。〈宗女〉同族の女。主に本家筋の女。〈檄〉35、一三七ページ注参照。〈告喩〉同前。

＊女王卑弥呼は正始七～八年（二四六～二四七）に亡くなったが、在位が六十五年ほどなので、八十歳前後で崩じたであろう。

当時はまだ古墳時代に入っておらず、周溝墓の形式であったとみてよい。ところが墓の径（さしわたし）が百餘歩といい、巨大な表現になっているが、「百」は数の多いことの比喩にすぎない。またわが国古代に殉葬の風習はなかった。

そして卑弥呼の死後、男王を立てようとしたというのは注目してよい。狗奴国との対戦が終わったわけではなく、狗奴国が男王であるのを真似て、男王を立てようとしたのかもしれない。しかし慣行によって反対され、卑弥呼の姪の台与が新女王として即位した。

37 壱（台）与遣二倭大夫率善中郎将掖邪狗等二十人一送二政等還一。因詣レ台、献二上男女生口三十人一、貢二白珠五千・孔青大句珠二枚・異文雑錦二十匹一。

台与は倭の大夫の率善中郎将の掖邪狗等二十人を遣わし、政等の還るを送る。因りて台に詣り、男女の生口三十人を献上し、白珠五千・孔青大句珠二枚・異文雑錦二十匹を貢ぐ。

〈台〉朝廷。役所。〈生口〉『後漢書』9、六五ページ注参照。〈白珠〉白い玉。〈孔青〉深い青色。〈句珠〉句は勾と同じ。古代に装身具として用いた玉。勾玉。〈異文雑錦〉あやを異にしたあらい錦。

＊狗奴国は魏の軍使一行の渡来に驚き、戦をつづけると魏の大軍が実際に襲来するおそれがあるとみて、兵を戦線から退かせた。そのとき卑弥呼が崩じ、新たに台与が女王として即位した。

魏の軍使一行の帰国の年次は明らかにされていないが、一応安全を確認して、新女王の即位の一、二年後に帰ることにしたとみてよかろう。

晋書

『晋書』は帝紀十巻・志二十巻・列伝七十巻・載記三十巻、合計百三十巻から成り、西晋四代・五十四年、東晋十一代・百二十年間のほか、載記として五胡十六国に関しても記している。

編修の期間は唐の貞観二十年（六四六）から同二十二年（六四八）の僅か三年に到らず、房玄齢・褚遂良・許敬宗の三人が監修にあたり、そのほか十八人が参画して執筆した。多くの人の手によることで、前後の矛盾や錯誤をはじめ手落ちも指摘されているが、唐代以前にあった晋書二十餘種が消失・散佚しているだけに、貴重な文献である。

しかも西晋末から北方民族が中原に侵入して戦乱となり、五胡（匈奴・羯・鮮卑・氐・羌の五族）十六国につぐ南朝・北朝の百三十餘年にわたる対立の時期だけに、その史料的価値は高い。なお西晋初代の武帝の即位に対する邪馬台国からの遺使を最後に約百五十年間、中国と交流が絶えていたのは、中国の政情にもよったといえよう。

1 (巻三) 武帝紀

(泰始二年) 十一月己卯、倭人来献㆓方物㆒。

(泰始二年、二六六) 十一月己卯、倭人、来たりて方物を献ず。

〈方物〉その土地に産する物。

＊武帝は晋朝の初代皇帝で、泰始元年(二六五)十二月に即位した。魏朝から晋朝に更迭したので、急ぎ倭国から慶賀の使者が立てられた。同書の列伝・東夷・倭人の条にも、「泰始の初め、使いを遣わして重訳入貢す」とみえる(13、一四九ページ参照)。使者が晋の都の洛陽に到着したのが二年十一月なので、情報の入った直後の四月か五月に出発したであろう。

　ところが問題は、このとき遣使したのが邪馬台国であったのか、狗奴国であったかということである。

　前掲の『三国志』で詳述したように、邪馬台国と狗奴国との紛争に魏の軍使一行が邪馬台国の応援に来たことから、両国の戦は小康を保ち、その間に女王卑弥呼が崩じた。そして代わって十三歳の台与が女王として即位し、魏の軍使一行も帰国した。したがって両国の間には休戦状態がつづいていたとみてよい。そこで武帝の即位慶賀の遣使は、邪馬台国の女王台与によるものであったことは確かであろう。

　それを狗奴国の側からいえば、魏の軍使一行の来援で、さらに大軍が来襲する恐れから、あえて矛をおさめたのであった。その魏が十五年後に終焉して晋朝になった。その晋朝と邪馬台国とが緊密にならない間に、今こそ討滅する好機と考えたのではなかろうか。

実際たいへんなことが起こっていた。拙著『女王卑弥呼の国』で邪馬台国は物部王朝、狗奴国は葛城王朝にあたることを論証したが、その直後に物部王朝から娘三人を、葛城王朝の第八代孝元帝に献上しているのである。敗者が勝者に娘を献上するのは、わが国古代の慣例で、勝者はそれらの娘を后・妃として迎えたのである。

そのことは邪馬台国（物部王朝）がその時点で滅亡したことを意味する。しかもその後、約百五十年間、わが国は中国と外交関係を断絶する。それが再開されるのは、次の2の東晋時代に入った安帝の時である。

（巻十）安帝紀

2（義熙九年）是歳、高句麗・倭国及西南夷銅頭大師、並献㆓方物㆒。

（義熙九年、四一三）是の歳、高句麗・倭国及び西南夷の銅頭大師、並方物を献ず。

＊本条は東晋の安帝の時における倭国からの遣使であるが、倭王の名が明らかでない。ところが『梁書』7には、「晋の安帝の時、倭王の賛あり」とみえ、また『南史』8にも「晋の安帝の時、倭王の讃あり、使いを遣わして朝貢す」とあって、倭王讃の時の遣使であったことになる。

しかも注目すべきは、大和朝廷に入ってからの最初の遣使で、そのことについては

『宋書』で詳しく解説するので参照されたい。

（巻九十七）列伝・東夷・倭人

3 倭人在二帯方東南大海中一、依二山島一為レ国。地多二山林一、無二良田一、食二海物一。旧有二百餘小国一相接、至二魏時一、有二三十国一通好。

倭人は帯方（たいほう）東南の大海の中に在り、山島（さんとう）に依（よ）りて国をなす。地には山林多く、良田なく、海物（かいぶつ）を食す。旧（もと）百餘の小国ありて相接し、魏の時に至り、三十国ありて通好（つうこう）す。

〈海物〉『三国志』2、七六ページ注参照。〈通好〉互いによしみを通じる。

＊冒頭の文は『漢書』地理志をはじめ、『後漢書』以降の列伝の記事を参考に引用したものである。そして「地には山林多く、良田なく、海物を食す」は、『三国志』2の対馬国の記事を用い、また魏の時から通好するとあるのは誤りで、後漢朝の初代光武帝の建武中元二年（五七）が始まりである。

4 戸有二七万一。男子無二大小一、悉黥面・文身、自謂二太伯之後一。又言、上古使詣二中国一、皆自称二大夫一。

戸（こ）は七万あり。男子は大小となく、悉（ことごと）く黥面（げいめん）・文身（ぶんしん）し、自ら太伯（たいはく）の後（すえ）と謂（い）う。また言う、上古に使い、中国に詣（いた）り、皆自ら大夫（たいふ）と称すと。

〈黥面〉『後漢書』4、五四ページ注参照。〈文身〉同前。〈大夫〉『後漢書』8、六二ページ注参照。

＊本条は『三国志』12を参考にしたものである。ただ「太伯の後と謂う」という箇所は『梁書』1と『北史』3にも見えるが、太伯の詳細については『梁書』1の解説を参照されたい。

5 昔夏少康之子封二於会稽一、断髪・文身以避二蛟竜之害一。今倭人好沈没取レ魚、亦文身以厭二水禽一。

昔、夏の少康の子、会稽に封ぜられ、断髪・文身以て蛟竜の害を避く。今の倭人は好んで沈没して魚を取り、亦文身以て水禽を厭う。

＊本条は『三国志』12を引用したもの、同箇所を参照されたい。

6 計二其道里一、当二会稽・東冶之東一。其男子衣以二横幅一、但結束相連、略無二縫綴一。婦人衣如二単被一、穿二其中央一以貫レ頭。而皆被髪・徒跣。

その道里を計るに、会稽・東冶の東に当たる。その男子の衣は横幅を以てし、但結束して相連ね、略縫い綴ることとなし。婦人の衣は単被の如く、その中央を穿ち、以て頭を貫く。而して皆被髪・徒跣なり。

＊本条は『三国志』12・13、『後漢書』4を引いたもの、同箇所を参照されたい。

7其地温暖、俗種二禾稲・紵麻一而蚕桑・織績。土無二牛馬一、有二刀・楯・弓・箭一、以レ鉄為レ鏃。

その地は温暖にして、俗に禾稲・紵麻を種えて蚕桑・織績す。土には牛馬なく、刀・楯・弓・箭あり、鉄を以て鏃となす。

＊本条は『三国志』13・14、『後漢書』3を参考にする。

8有二屋宇一、父母・兄弟臥息異レ処。食飲用二俎・豆一。嫁娶不レ持二銭・帛一、以レ衣迎之。

屋宇あり、父母・兄弟の臥息は処を異にす。食飲には俎・豆を用う。嫁娶りには銭・帛を持たさず、衣を以て迎う。

〈屋宇〉家。屋舎。〈俎〉祭祀などで食物をのせる器。〈豆〉食肉を盛るたかつきの器。

〈帛〉『三国志』32、一三四ページ注参照。

＊本条の前半は『三国志』15、『後漢書』5を参考にする。そして両書とも「籩豆」と用いているのを、ここでは「俎・豆」としている。

なお後半は独自なもので、婚礼の結納であろうか、金銭や絹などの高価なものでなく、着物を用いて迎えているという意であろう。

9死有レ棺無レ椁、封土為レ冢。初喪、哭泣、不レ食レ肉。已葬、挙レ家入水・澡浴自潔、以除㆓不祥㆒。

死には棺ありて、椁なく、封土して冢を為る。初喪には哭泣し、肉を食わず。已に葬れば、家を挙げて入水・澡浴して自ら潔め、以て不祥を除く。

〈初喪〉初めての喪。すなわち死者の縁者が一定期間ひきこもる礼。〈不祥〉めでたくない。不吉。

＊本条は『三国志』16を参考にして引用する。同箇所を参照されたい。

10其挙㆓大事㆒、輒灼㆑骨以占㆓吉凶㆒。不㆑知㆓正歳・四節㆒、但計㆓秋収之時㆒以為㆓年紀㆒。

それ大事を挙うに、輒ち骨を灼き以て吉凶を占う。正歳・四節を知らず、但秋収の時を計り以て年紀となす。

〈正歳〉夏の国の暦による正月。夏暦は寅月を正月とする。〈四節〉四つの季節。春夏秋冬。〈秋収〉秋の取り入れ。〈年紀〉年数。年代。

＊本条の前半は『三国志』19を引用するが、後半は独自である。

11人多㆑寿百年、或八九十。国多㆓婦女㆒、不㆑淫不㆑妬。無㆓争訟㆒、犯㆓軽罪㆒者没㆓其妻孥㆒、重者（族）滅㆓其家㆒。

人は寿多く百年、或は八、九十なり。国に婦女多く、淫ならず妬まず。争訟なく、軽罪を犯せる者はその妻孥を没し、重き者はその家を滅す。

〈妻孥〉妻子。

＊本条は『三国志』20・21、『後漢書』5・6を参考に引用する。ただし『三国志』『後漢書』は、本条の「寿」を「寿考」（長生き）と記す。なお末尾の「族」は、刻本のとき誤って挿入したものと考えられる。

12旧以二男子一為レ王。漢末、倭人乱、攻伐不レ定、乃立二女子一為レ王、名曰二卑弥呼一。

旧、男子を以て王となす。漢末に倭人乱れ、攻伐して定まらず、乃ち女子を立てて王となし、名づけて卑弥呼という。

＊本条は『三国志』25を借用したものであるが、『三国志』で解説したように、「旧、男子を以て王となす」は編修者の大きな誤解である。同解説を参照されたい。

13宣帝之平二公孫氏一也、其女王遣レ使至二帯方一朝見、其後貢聘不レ絶。及二文帝一作レ相、又数至。泰始初、遣レ使重訳入貢。

宣帝の公孫氏を平らぐるや、その女王は使いを遣わして帯方に至り朝見し、その後は貢聘絶えず。文帝に及んで相と作り、また数至す。泰始の初め、使いを遣わして重訳入貢す。

〈朝見〉『三国志』1、七五ページ注参照。〈貢聘〉みつぎ物。〈重訳〉甲の国語を乙の国語に翻訳し、さらにそれを丙の国語に翻訳すること。

＊この条を理解するのには苦労した。本筋は宣帝の功績を讃えるものであるが省略すぎて、判断するのに手間取ったのである。

まず宣帝のことであるが、魏の武将として活躍した司馬懿のことである。孫の炎が魏の禅譲によって西晋を興し、その功に報いて宣帝と追尊した称号である。

そして冒頭の箇所は『三国志』28で解説したように、司馬懿が景初二年（二三八）、自ら燕王と称し東夷を領した公孫氏父子を誅殺したことで、翌景初三年に女王卑弥呼が帯方郡へ遣使し、魏朝に入貢できたことを述べたものである。倭人伝のために倭国との関係事項を最初に記したのであろう。

つぎの「文帝に及んで」以下は、時代を遡る魏の文帝の時代の司馬懿のことで、その時代に「相」、すなわち大臣となった。「また数至す」とは、そのほか数多くの功労のあったことを示すものであろう。例えば蜀国の丞相の諸葛亮と戦ったことは有名である。そして最後に彼は丞相、すなわち最高の執政官になった。

最後の文の「泰始の初め」の泰始とは、西晋の最初の年号で、さきの1で見られるように、邪馬台国の女王台与から即位慶賀のための遣使のあったことを記したものである。それも司馬懿の功績によるものと考えたのであろう。

宋書

『宋書』は本紀十巻・志三十巻・列伝六十巻、合計百巻から成り、梁の沈約（四四一～五一三）の撰したものである。

宋は南北朝時代の南朝の一つ、劉裕が東晋の安帝を弑し、弟の恭帝が即位するや禅譲させて建国し、建康（南京）を都として八代、順帝の昇明三年（四七九）に斉によって滅ぶ。

その『宋書』の修撰は、早く宋の第三代文帝の元嘉十六年（四三九）に何承天によって開始されたが、宋代終末まで記されなかった。その後、また編修が行われ、南斉に入った永明五年（四八七）に沈約が修史を命ぜられ、最終的には梁朝の武帝天監二年（五〇三）に完成した。宋の国史も数多あったが、現存するのは沈約の『宋書』だけである。

なお『宋書』は大和朝廷の五世紀における五王がつづいて遣使した時期である。本書で解説するように記録も詳しく、その意味でも注目すべき貴重な文献である。

1（巻五）文帝紀

元嘉七年春正月、是月、倭国王遣レ使献二方物一。

元嘉十五年夏四月己巳、以二倭国王珍一為二安東将軍一。

是歳、武部王・阿南国・高麗国・倭国・扶南国・林邑国、並遣レ使献二方物一。

元嘉二十年、是歳、河西国・高麗国・百済国・倭国、並遣レ使献二方物一。

元嘉二十八年秋七月甲辰、安東将軍倭王倭済進二号安東大将軍一。


元嘉七年（四三〇）春正月、是の月、倭国王、使いを遣わして方物を献ず。

元嘉十五年（四三八）夏四月己巳、倭国王の珍を以て安東将軍となす。

是の歳、武部王・阿南国・高麗国・倭国・扶南国・林邑国、並使いを遣わして方物を献ず。

元嘉二十年（四四三）、是の歳、河西国・高麗国・百済国・倭国、並使いを遣わして方物を献ず。

元嘉二十八年（四五一）秋七月甲辰、安東将軍倭王、倭の済、号を安東大将軍に進む。

2（巻六）孝武帝紀

大明四年十二月丁未、倭国遣レ使献二方物一。

大明六年三月壬寅、以二倭国王世子興一為二安東将軍一。


大明四年（四六〇）十二月丁未、倭国、使いを遣わして方物を献ず。

大明六年（四六二）三月壬寅、倭国王の世子の興を以て安東将軍となす。

（巻十）順帝紀

3 昇明元年冬十一月己酉、倭国遣レ使献二方物一。
昇明二年五月戊午、倭国王武遣レ使献二方物一、以レ武為二安東大将軍一。

昇明元年（四七七）冬十一月己酉、倭国、使いを遣わして方物を献ず。

昇明二年（四七八）五月戊午、倭国王の武、使いを遣わして方物を献じ、武を以て安東大将軍となす。

＊右は倭国（大和朝廷）から中国の王朝に遣使して方物を献じ、また称号を授けられた記事を、『宋書』帝紀から抜粋したものである。このほか後に示すように同書の列伝の中にも関係の記事が認められる。

しかし朝貢はさらに東晋時代に遡ることが、『晋書』『南史』『梁書』にみえる。それら関係記事はそれぞれの史書を参照されたいが、解説の便宜上、左に一覧表で示すことにしたい。記事の項は略記である。

後掲の表の「倭王」の欄に注目されたいが、そこには「讃」「珍」「済」「興」「武」の五人の名がみえる。それに該当する天皇は誰かということが、これまで多くの学者によって論議されてきた。ここでは深く立ち入らないが、大概にいえば「讃」は応神・仁徳・履中の天皇に分かれ、「珍」は反正、「済」は允恭、「興」は安康、「武」は雄略の各天皇とみられている。

実は『日本書紀』でみると、仁徳天皇から前は在位・年齢とも神話的記述である。例えば崇神（在位六十八年、百二十歳）、垂仁（在位九十九年、百四十歳）、景行（在位六十年、百六歳）、成務（在位六十年、百七歳）、仲哀（在位九年、五十二歳）、神功（在位六十九年、百歳）、応神（在位四十一年、百十歳）、仁徳（在位八十七年、年齢不記）である。

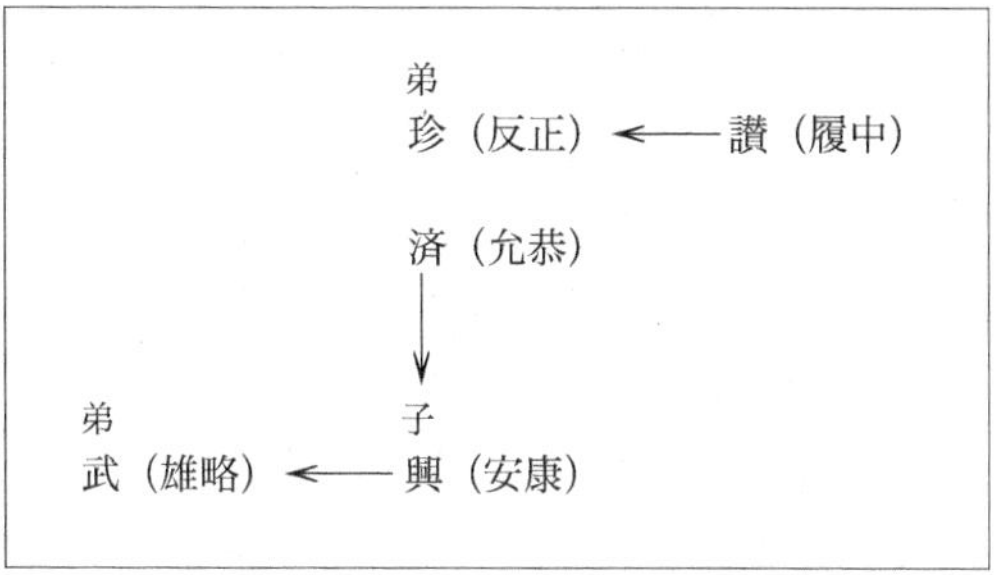

ところが履中天皇から一変して、履中（在位五年）、反正（在位五年）、允恭（在位四十二年）、安康（在位三年）、雄略（在位二十四年）となる。すなわち考慮の対象となる常識の範囲のものである。

そして取り上げられた有力な根拠の一つは、中国の史書で「珍」と「済」との継承だけ不明であるが、そのほかは上図のごとく、「讃」の弟が「珍」、「済」の子が「興」で、「武」は「興」の弟と記され、それが『日本書紀』の記事と合致することである。なお同書では「反正」の弟が「允恭」である。

他の理由は雄略天皇の性格である。詳細は省略するが、雄偉である反面、高慢・残虐で、『宋書』9にみる武の上表文に、その一端がうかがえるからである。

讃（履中）→ 弟 珍（反正）

済（允恭）→ 子 興（安康）→ 弟 武（雄略）

倭の五王

西暦	皇帝	年号	倭王	記事
四一三	東晋・安帝	義熙九年	讃	晋書帝紀　是の歳、倭国、方物を献ず。 梁書列伝　晋の安帝の時、倭王賛あり。 南史列伝　晋の安帝の時、倭王讃あり、使いを遣わして朝貢す。
四二一	宋・武帝	永初二年	讃	宋書列伝　詔していわく、倭の讃、除授を賜うべしと。 南史帝紀　倭国、使いを遣わして朝貢す。
四二五	宋・文帝	元嘉二年	讃	宋書列伝　讃また使いを遣わして方物を献ず。 南史列伝　讃また使いを遣わす。
四三〇	宋・文帝	元嘉七年	？	宋書帝紀　倭国王、使いを遣わして方物を献ず。 南史帝紀　倭、使いを遣わして朝貢す。
四三八	宋・文帝	元嘉一五年	珍	宋書帝紀　倭国王珍を以て安東将軍となす。 宋書帝紀　是の歳、倭国は使いを遣わして方物を献ず。
四四三	宋・文帝	元嘉二十年	済	宋書帝紀　是の歳、倭国、使いを遣わして方物を献ず。

四五一	宋・文帝	元嘉二十八年	済	宋書帝紀　倭の済、号を安東大将軍に進む。
四六〇	宋・孝武帝	大明四年	済	宋書帝紀　倭国、使いを遣わして方物を献ず。
四六二	宋・孝武帝	大明六年	興	宋書帝紀　倭国王の世子の興を以て安東大将軍となす。
四七七	宋・順帝	昇明元年	武	宋書帝紀　倭国、使いを遣わして方物を献ず。
四七八	宋・順帝	昇明二年	武	宋書帝紀　倭国王の武、使いを遣わして方物を献じ、武を安東大将軍となす。
四七九	斉・高帝	建元元年	武（死）	南斉書列伝　建元元年、武を鎮東大将軍となす。 梁書列伝　建元中、武を鎮東大将軍に除す。 南史列伝　右と同文。
五〇二	梁・武帝	天監元年	武（死）	梁書列伝　高祖即位、武の号を征東大将軍に進む。 南史帝紀　武の号を征東大将軍に進む。 南史列伝　右と同文。

そこで武に焦点を合わせると、「讃」を「履中」とした上述の人選となる。

それを年号の上で具体的に示してみよう。『日本書紀』による履中天皇の即位は西暦四〇〇年であるが、中国へ最初に朝貢したのが義熙九年（四一三）で、わずか十三年の差がある。ところが興味深いのは、雄略天皇が崩御した西暦四七八年が、前掲の表の『宋書』でみるように、最後の遣使となった昇明二年（四七八）と合致することである。

もちろん表ではその後に、『南斉書』が記す斉国の建元元年（四七九）と、『梁書』にみる梁国の天監元年（五〇二）の二回、ともに武の号が進められている。

したがって武はなお生存し、遣使をつづけていたようにみえ、前述と矛盾したことになる。

ところが斉国でも梁国でも、その年号は建国した初代皇帝の即位した年にあたる。そして例えば『梁書』武帝紀の天監元年戊辰の条に記す東夷を示すと、

車騎将軍・高驪王の高雲、号を車騎大将軍に進む。
鎮東大将軍・百済王の餘大、号を征東大将軍に進む。
鎮東大将軍・倭王の武、号を征東大将軍に進む。

とあり、分かりやすく別行にして示したが、実際は一連のものとしてつづけられ、その他の叙位もみられる。そのことは、初代皇帝が即位にあたって建国を祝い、朝貢の国々の王を進除したものとみなければならない。なお右と同文が『南史』武帝紀にもみられる。

その観点に立ってみると、その年に武は遣使していないのに、称号だけが進められている。まさしく初代皇帝の祝賀によるもので、その旨が倭国に通知されるようになっていたのであろう。

しかし前述したように、武の最後の遣使は宋国の最後の年にあたる昇明二年（四七八）であった。ところが武（雄略）はその年に崩じている。斉国は武の死を知らずに進除し、梁国では死後四年を迎えながら、武の死に気づかなかったことになる。

以上のことを念頭において、つづく列伝の記事を見ていただきたい。

（巻九七）列伝・夷蛮・倭国

4 倭国在二高驪東南大海中一、世修二貢職一。高祖永初二年、詔曰、「倭讃、万里修レ貢、遠誠宜レ甄、可レ賜二除授一。」太祖元嘉二年、讃又遣二司馬曹達一奉レ表献二方物一。

倭国は高驪（こうらい）東南の大海の中に在り、世々貢職（こうしょく）を修む。高祖の永初（えいしょ）二年（四二一）、詔（みことのり）していわく、「倭の讃（さん）、万里にして貢（みつぎ）を修め、遠く誠に宜（よろ）しく甄（あらわ）すべく、除授（じょじゅ）を賜うべし」と。太祖の元嘉二年（四二五）、讃また司馬曹達（しばそうたつ）を遣わし表（ふみ）を奉り方物（ほうぶつ）を献ず。

〈貢職〉みつぎ。〈甄〉表す。察する。〈除授〉官位をさずける。〈表〉君に陳情する書面。〈方物〉『晋書』1、一四三ページ注参照。

＊さきの解説で、讃が履中天皇にあたることを述べた。履中陵に比定されているものは、

全国で第三位の巨墳である。

ここで注目すべきは、中国の王朝に入貢したのは讃（履中）に始まるが、称号を授けるべきだといわれながら、授与のことが記されていないことである。そのことは銘記すべきであろう。

また『宋書』文帝紀には、元嘉七年（四三〇）にも「倭国王、使いを遣わして方物を献ず」とみえるが、この記事が讃のものか、次の珍のことか明らかでない。しかし前後の記事から判断して、珍の時代とみるべきではないかと思う。

5 讃死、弟珍立。遣レ使貢献、自称二使持節・都督倭・百済・新羅・任那・秦韓・慕韓六国諸軍事・安東大将軍・倭国王一、表求二除正一。詔除二安東将軍・倭国王一。珍又求三除二正倭隋等十三人平西・征虜・冠軍・輔国将軍号一。詔並聴。

讃死し、弟の珍立つ。使いを遣わして貢献し、自ら使持節・都督倭・百済・新羅・任那・秦韓・慕韓六国諸軍事・安東大将軍・倭国王と称し、表にて除正を求む。詔して安東将軍・倭国王に除す。珍また倭隋等十三人を平西・征虜・冠軍・輔国の将軍の号に除正せられんことを求む。詔して並聴す。

〈使持節〉晋の時代に始まる総督の称。〈都督〉官名で、魏の文帝の時に初めて都督中外諸軍事を置いた。『晋書』職官志に「魏文帝の黄初三年（二二二）、始めて都督諸州軍事を置く」とみえる。〈任那〉朝鮮半島の南端にあった国名で、現在の慶尚南道に属する。前漢時代に伽羅(から)と称され、任那はわが国からの称で、日本府の置かれた地。〈秦韓〉辰韓のこと。新羅の地。〈慕韓〉馬韓。後の百済の地。〈表〉4、一五九ページ注参照。〈除正〉改めて官位を授かること。〈平西〉四方を平定する「四平将軍」の一。すなわち平東・平南・平西・平北の将軍の一。〈征虜〉将軍の名。〈冠軍〉将軍の名。〈輔国〉将軍の名。

＊珍が反正天皇にあたることは、前掲1～3の解説で考証しておいた。

ところが先帝の讃（履中）の時は遣使しても、中国から称号が授けられなかったからであろうか、珍は自ら「使持節・都督……安東大将軍・倭国王」という称号で使者を遣わした。しかし認められなくて、ただ「安東将軍・倭国王」とされた。それは当然なことであったともいえる。

注で説明しているように、「使持節」は晋の時代からの官名、「都督」は魏の時に置かれた官名で、その「都督中外諸軍事」の「中外」とは、そこに領有する地名を挿入するものであった。同じ東夷に属する百済・高句麗の例を、列伝にみる元嘉二年（四二五）の記事で示してみよう。

（百済）使持節・都督百済諸軍事・鎮東大将軍。

（高句麗）使持節・都督営州諸軍事・征東将軍・高句驪王・楽浪公。

右のように両国とも自国の領地を記入している。なお「営州(えいしゅう)」とは、河北省から遼寧省および朝鮮北部にわたるもので、当時の高句麗の領域であった。

したがって倭国は「使持節・都督倭諸軍事」とすべきであったが、他国の朝鮮半島中・南部の地名を加えていたのである。それは神功皇后の朝鮮遠征があったからかもしれない。

それにしても「秦韓」「慕韓」の地名はおかしい。倭族が長江流域から朝鮮半島中・南部に亡命し、先住の濊・貊族を征して建国したのが辰国であった。それが後に馬韓・辰韓・弁韓に分立し、さらに百済・新羅・加羅になる。前記の「秦韓」は辰韓で新羅のこと、「慕韓」は馬韓で百済のことで、新旧の名を重複して用いたのは何のためであったのであろうか。

その称号はそのとき認められなかったが、どうしたことか、その後そのままが容認されて、倭国王の正式な称号とされた。寛容な中国人の心をみるが、覇気に富んだ古代倭国人の一端をみる思いもする。

なお後半の部分であるが、珍は朝廷の重臣十三人にも中国式称号を授けられることを望み、平西・征虜・冠軍・輔国の将軍名の授与を願い出て許されている。その事例を参考のため『宋書』帝紀で示しておく。

平西将軍の乞仏熾盤、号を安西大将軍に進む。(永初元年、四二〇)

征虜将軍・北徐州刺史の劉懐慎、号を安西大将軍に進む。(同右)

皇弟の義恭を以て冠軍将軍となす。(景平二年、四二四)

輔国将軍の江夏王の世子の伯禽を湘州刺史となす。(大明八年、四六四)

6 二十年、倭国王済遣レ使奉献。復以為二安東将軍・倭国王一。二十八年、加二使持節・都督倭・新羅・任那・加羅・秦韓・慕韓六国諸軍事一、安東将軍如レ故、幷除二所レ上二十三人軍・郡一。

（元嘉）二十年（四四三）、倭国王の済、使いを遣わして奉献す。復以て安東将軍・倭国王となす。（元嘉）二十八年（四五一）、使持節・都督倭・新羅・任那・加羅・秦韓・慕韓六国諸軍事を加え、安東将軍は故の如く、幷に上る所の二十三人を軍・郡に除す。

＊『宋書』では「珍」と「済」との親子関係が不明であるが、『日本書紀』によると「珍」（反正）の弟が「済」（允恭）である。前掲1～3で解説したように、そのことは認めてよかろう。

その「済」が最初に遣使した元嘉二十年には、先帝の「珍」と同じく「安東将軍・倭国王」の称号しか認められなかった。しかし同二十八年の時は「珍」が自称した称号、「使持節・都督倭・新羅・任那・加羅・秦韓・慕韓六国諸軍事・安東将軍・倭国王」が承認されている。

ところが注意して見ると「百済」が抜けて、代わりに「加羅」が入っている。中国側が「百済」を削除したのは当然なことであった。5の解説の中で紹介しているように、「百済」は以前から中国に朝貢している国であった。

しかしそれに代えて、「加羅」を加えたのは納得できない。というのは、「加羅」と「任那」とは同じ国だからである。5の注で説明したように、「加羅」は前漢時代から知られているが、「任那」はわが国で名づけたものである。使者はうまく誤魔化して追加させ、六国を維持しようとしたのであろう。

なお末尾に上申した二十三人に対し、「軍・郡」の叙位をしたとあるのは、朝廷の武官・文官に対してのものとみてよい。わが国と違って中国では「郡」の下に「県」がある。

7 済死、世子興遣レ使貢献。世祖大明六年、詔曰、「倭王世子興、奕世載忠、作二藩外海一、稟レ化寧レ境、恭修二貢職一、新嗣二辺業一。宜レ授二爵号一、可二安東将軍・倭国王一。」

済死し、世子の興、使いを遣わして貢献す。世祖の大明六年（四六二）、詔していわく、「倭王の世子の興、奕世載ち忠、藩を外海に作り、化を稟え境を寧らかにし、恭んで貢職を修め、新たに辺業を嗣ぐ。宜しく爵号を授くべく、安東将軍・倭国王とすべし」。

〈奕世〉累代。代々。〈藩〉領国。〈外海〉外洋。〈化〉あらたまること。〈稟〉さずける。あたえる。〈境〉領地。〈貢職〉4、一五九ページ注参照。〈爵号〉爵位の名称。

＊「済」（允恭）の子の「興」（安康）が相続し、大明六年に遣使する。孝武帝の詔として、「興」をたいへん称えた文を載せ、「安東将軍・倭国王」の称号を授けたとある。も

ちろん先帝と同じ「使持節・都督倭……」はついているものとみてよい。
しかし『日本書紀』によると、事績としてみるべきものは何もなく、殺されてわずか在位三年で終わっている。

8興死、弟武立。自称二使持節・都督倭・百済・新羅・任那・加羅・秦韓・慕韓七国諸軍事・安東大将軍・倭国王一。

興死し、弟の武立つ。自ら使持節・都督倭・百済・新羅・任那・加羅・秦韓・慕韓七国諸軍事・安東大将軍・倭国王と称す。

＊「興」(安康)のあと、弟の第五子である「武」(雄略)が即位する。気性の荒さについては前掲1~3の解説で述べたが、その現れを本条の称号でもみることができる。『宋書』順帝紀および列伝によると、第一回は昇明元年(四七七)の入貢で、そのとき自ら名乗った称号を持たせて遣使した。それが本条にみる文である。その称号には、中国が削除した「百済」をあえて強引に入れて七国とし、しかも「安東大将軍」としている。

もちろん承認されなかったであろう。そこで翌年(四七八)再び、あえて使者に「上表文」を持たせて遣わしたのが、次の条にみえるものである。

9順帝昇明二年、遣レ使上レ表曰、「封国偏遠、作二藩于外一。自レ昔祖禰、躬擐二甲冑一、跋二渉山川一、不レ遑二寧処一。東征二毛人一五十五国、西服二衆夷一六十六国、渡平二海北一九十五国。王道融泰、廓レ土遐レ畿、累葉朝宗、不レ愆二于歳一。臣雖二下愚一、忝胤二先緒一、駆二率所レ統、帰二崇天極一、道遥二百済一、装二治船舫一。而句驪無道、図欲二見呑一、掠二抄辺隷一、虔劉不レ已。毎致二稽滞一、以失二良風一。雖レ曰レ進レ路、或通或不。臣亡考済実忿三寇讎壅二塞天路一、控弦百万、義声感激、方欲二大挙一、奄喪二父兄一、使三垂成之功不レ獲二一簣一。居在二諒闇一、不レ動二兵甲一。是以偃息未レ捷。至レ今欲三練レ甲治レ兵、申二父兄之志一。義士虎賁、文武効レ功、白刃交レ前、亦所レ不レ顧。若以二帝徳覆載一、摧二此強敵一、克靖二方難一、無レ替二前功一。窃自仮二開府儀同三司一、其餘咸各仮授、以勧二忠節一。」詔除二武使持節・都督倭・新羅・任那・加羅・秦韓・慕韓六国諸軍事・安東大将軍・倭王一。

順帝の昇明二年（四七八）、使いを遣わして表を上りていわく、「封国は偏遠にして、藩を外に作る。昔より祖禰、躬ら甲冑を擐けて、山川を跋渉し、寧処に遑あらず。東は毛人を征すること五十五国、西は衆夷を服すること六十六国、渡りて海北を平らぐること九十五国なり。王道は融泰し、土を廓げ畿を遐かにし、累葉朝宗して、歳を愆えず。臣は下愚と雖も、忝なくも先緒を胤ぎ、統ぶる所を駆率し、天極に帰崇し、道は百済を遥ぎ、船舫を装治す。而るに句驪は無道にして、図りて見呑を欲し、辺隷を掠抄し、虔劉已まず。毎に稽滞を致し、以て良風を失う。路を進むというと雖も、或は通じ或は不。臣、亡考の済、実に寇讎が天路を壅塞するを忿り、控弦百万、義声感激し、方に大挙せんと欲するも、奄かに父兄を喪い、垂成の功をして一簣を獲ざらしむ。居にして諒闇に在り、兵甲を動かさず。是を以て偃息して未だ捷たず。今に至り甲を練り兵を治め、父兄の志を申べんと欲す。義士虎賁、文武が功を効し、白刃が前を交わるとも、亦顧みざる所なり。もし帝徳の覆載を以て、この強敵を摧き、克く方難を靖んじなば、前功を替えることなし。窃かに自ら開府儀同三司を仮し、その餘は咸各〻仮授し、以て忠節を勧まん」と。詔して武を使持節・都督倭・新羅・任那・加羅・秦韓・慕韓六国諸軍事・安東大将軍・倭王に除す。

〈表〉4、一五九ページ注参照。〈封国〉国土。〈偏遠〉遠いいなか。〈藩〉7、一六四ページ注参照。〈祖禰〉祖先や父。祖は先祖の廟、禰は父の廟。祀った祖先や父の称。〈跋渉〉諸処を遍歴すること。〈寧処〉おちつく。安堵する。〈遑〉ひま。いとま。〈毛人〉蝦夷をさす。〈衆夷〉多くのえびす。〈王道〉天下に王たるべき道。〈融泰〉とけやわらぐ。〈土〉国土。〈畿〉帝都を中心とした地域。〈累葉〉代々。〈朝宗〉天子に拝謁すること。〈愆〉たがえる。〈下愚〉甚だおろか。自己の謙称。〈先緒〉先人の残しておいた仕事。祖先の偉業。〈駆率〉かりひきいる。〈天極〉自然の道。〈帰崇〉もとづきたっとぶ。〈船舫〉ふね。〈装治〉ととのえおさめる。〈句驪〉高句麗。〈見呑〉かろんじてみること。〈辺隷〉あたりの従うもの。〈掠抄〉かすめとる。〈虔劉〉殺し害する。殺害。〈稽滞〉とどまりとどこおる。〈亡考〉亡き父。〈寇讎〉あだ。かたき。〈天路〉正しい道。〈壅塞〉ふさぐ。ふさがる。〈控弦〉弓をひく兵士。〈義声〉正しい言葉。〈大挙〉大軍を起こす。〈垂成〉まさに成就しようとする。〈一簣〉僅かの意。〈諒闇〉天子が喪に服する間をいう。〈兵甲〉武器と甲冑。〈偃息〉安らい憩う。〈捷〉かつ。かちいくさ。〈義士〉義を守る人。義人。〈虎賁〉勇士。〈覆載〉天地の恩徳。めぐみ。〈方難〉迫害。〈開府儀同三司〉官名。実例で示そう。「征西大将軍・開府儀同三司の楊盛、号を車騎大将軍に進む」。〈咸〉みな。あまねし。〈仮授〉『三国志』30、一三一～一三二ページ注参照。

＊右は前年につづき、昇明二年に遣使した時の「武」（雄略）の上表文である。誇張も多い文であるが、目的は自らの意志を通すためのものであった。順帝紀や列伝を見ると、実際に「武」を「安東大将軍・倭王」に進除している。しかし「百済」だけはやはり認めていない。

　ところが前掲1～3の解説で考証したように、『日本書紀』にはこの年に雄略天皇は崩じたことになっている。彼は「安東大将軍」とされたよろこびを、死の前に味わうことができたであろうか。

南斉書

『南斉書』は本紀八巻・志十一巻・列伝四十巻・合計五十九巻である。原本は六十巻であったが、唐代に一巻を失う。もと斉の檀超・江淹の撰したものを、梁代に斉の高帝の孫の蕭子顕（四八九～五三七）が補修して成る。

南斉は四七九年に建国し、建康（南京）に都した南朝の一つで、北朝の北魏（後魏）と相対した。しかし五〇二年に梁に滅ぼされ、七代・二十三年、南朝でもっとも短命な王朝であった。

倭国のことは列伝・東夷の条に見えるだけである。

（巻五八）列伝・東夷・倭国

1 倭国、在二帯方東南大海島中一、漢末以来、立二女王一。土俗已見二前史一。建元元年、進新除二使持節・都督倭・新羅・任那・加羅・秦韓・（慕韓）六国諸軍事・安東大将軍・倭王武一、号為二鎮東大将軍一。

倭国は、帯方東南の大海の島の中に在り、漢末以来、女王を立てる。土俗は已に前史に見ゆ。建元元年（四七九）、進めて新たに使持節・都督倭・新羅・任那・加羅・秦韓・慕韓六国諸軍事・安東大将軍・倭王武に除し、号は鎮東大将軍となす。

＊本条で特筆すべきは、宋につづく斉国の初代高帝が即位するにあたり、建国を祝して倭国王の称号を進除したことである。

遣使による朝貢と関係なく、建国の祝賀として叙位が進められることについては、さきの『宋書』1～3の解説で、梁国を好例として詳しく考証した。それは斉国でも同じで、即位の年に「昇明三年を改めて建元元年となす。民に爵二級を賜い、文・武に位二等を進む」とあり、多くの文・武官が進級されている。そして倭国と同様に列伝に、高麗王を「太祖の建元元年、号を驃騎大将軍に進む」とみえ、また百済も「鎮東大将軍」にされている。

ところが『宋書』の解説で述べたように、その前年に倭国王の武（雄略）は崩じていたのである。

梁書

『梁書』は本紀六巻・列伝五十巻、志はなく、合計五十六巻である。姚察（？～六〇六）・姚思廉（？～六三七）の父子が、『陳書』三十六巻とともに撰したものである。初め姚察が梁史の編修に参与したが、隋の開皇九年（五八九）に梁・陳両朝の歴史の撰録を命ぜられ、完了せずに死んだ。その後、子の姚思廉が隋・唐にわたって継続することを命ぜられ、唐の貞観十年（六三六）に『梁書』と『陳書』を完成した。

梁は武帝が五〇二年に建国し五五七年まで五代・五十六年間、南朝の一つとして建康（南京）に都した。この王朝も北朝の北魏と相対したが、北魏が東魏・西魏に分裂して三国鼎立の状態となり、陳に更迭する。

この書は周辺諸民族の紹介に詳しく、倭伝は『三国志』『後漢書』を参照するものの、倭人の出自を呉太伯に求めたり、倭国大乱を霊帝光和年間とするなど、幾多の新しい記事を紹介していることに特徴がある。

（巻五四）列伝・諸夷・倭

1 倭者、自云太伯之後。俗皆文身。去帯方万二千餘里、大抵在会稽之東、相去絶遠。従帯方至倭、循海水行、歴韓国、乍東乍南、七千餘里始度一海。海闊千餘里、名瀚海、至一支国。又度一海千餘里、名末盧国。又東南陸行五百里、至伊都国。又東南行百里、至奴国。又東行百里、至不弥国。又南水行二十日、至投馬国。又南水行（十日）、陸行一月日、至祁（邪）馬台国、即倭王所居。其官有伊支馬、次曰弥馬獲支、次曰奴往（佳）鞮。

倭は、自ら太伯の後という。俗は皆文身す。帯方を去ること万二千餘里、大抵会稽の東に在り、相去ること絶遠なり。帯方より倭に至るに、海に循いて水行し、韓国を歴るに、東し乍ら南し乍ら、七千餘里にして始めて一海を度る。海の闊さ千餘里、瀚海と名づけ、一支国に至る。また一海を度ること千餘里、末盧国と名づく。また東南へ陸行すること五百里、伊都国に至る。また東南行すること百里、奴国に至る。また東行すること百里、不弥国に至る。また南へ水行二十日にして投馬国に至る。また南へ水行十日、陸行一月日にして邪馬台国に至り、即ち倭王の居る所なり。その官に伊支馬あり、次は弥馬獲支といい、次は奴佳鞮という。

〈太伯〉解説を参照されたい。〈文身〉『後漢書』4、五四ページ注参照。〈大抵〉おおかた。おおよそ。〈会稽〉『後漢書』2、五〇ページ注参照。〈絶遠〉非常に遠い。

＊本条は『三国志』1～8を参考にして短文にしたもので、詳しくは同箇所を参照され

たい。

さて、太伯のことであるが、このほか『晋書』4、『北史』3にも見える。また『太平御覧』（巻七八二）倭の項に、「魏志に曰く」として引用している中にも、「その旧語を聞くに、自ら太伯の後と謂う」とあり、日本列島に渡来した倭人が自ら太伯の後裔であると伝えていたことは重要なことである。

まず太伯の素性について紹介すると、父は古公亶父（太王）といい、黄河の支流の渭水流域で一地方の王として国を周と称した。その父が末子の季歴に相続させようと考えているのを知った長子の太伯は、身の危険を感じて弟の仲雍と共に逃れる。『史記』の呉太伯世家を見ると、

> 是に於いて太伯・仲雍の二人、すなわち荊蛮に犇り、文身・断髪し、……荊蛮は之を義とし、従いて帰するもの千餘家、立ちて呉太伯となる。

とある。太伯は弟と共に荊蛮の地に逃れてきたという。荊州の蛮族の地というが、荊州は時代によってあまりにも大きく異なるので、『史記正義』によると、太伯は太湖北岸の無錫県の東南六十里の梅里、現在の無錫市の近くに住みついたと記す。そこは文身・断髪の習俗をもつ倭族の地である。太伯兄弟は倭族と同じように文身・断髪して身を隠した。

住民はその義に感じて、千餘家が彼に味方し、「立ちて呉太伯となる」と、『史記』はあまりにも簡略に結んでいる。しかし呉の国が成立するには約五百年の歳月が必要で、

紀元前五八五年、第十九代の寿夢が初めて王を名乗って即位する。

そして第二十四代の闔閭王のとき、超大国の楚とたびたび攻防したが、越王句践との戦いで傷ついて戦死する。しかも子の呉王夫差と越王句践との周知の対決で、春秋時代の終末、紀元前四七三年に敗れて呉は滅亡する。

この呉の滅亡とともに、呉の領域とされていた山東省・江蘇省・安徽省の倭族たちが、朝鮮半島中・南部へ亡命し、その一部が日本列島に渡来して、「自ら呉太伯の後なり」と伝えていたのである。

2 民種禾稲・紵麻、蚕桑・織績。有薑・桂・橘・椒・蘇。出黒雉・真珠・青玉。有獣如牛、名山鼠。又有大蛇呑此獣。蛇皮堅不可斫、其上有孔、乍開乍閉、時或有光、射之中、蛇則死矣。

民は禾稲・紵麻を種え、蚕桑・織績す。薑・桂・橘・椒・蘇あり。黒雉・真珠・青玉を出す。獣あり牛の如く、山鼠と名づく。また大蛇ありこの獣を呑む。蛇の皮は堅く斫るべからず、その上に孔あり、開き乍ら閉じ乍ら、時に或は光あり、之を射て中てれば、蛇すなわち死す。

〈蘇〉しそ。

*本条の冒頭部分は『三国志』13・18、『後漢書』3を参考に引用しているので、その箇所を参照されたい。

ところが特別に注目すべきは後半の部分である。内容的に独自なものであるが、ほぼ同文が『南史』5にみえ、しかもつづく3・4も『南史』6・7と同文である。

3 物産略与二儋耳・朱崖一同。地温暖、風俗不レ淫。男女皆露紒、富貴者以二錦繍・雑采一為レ帽、似二中国胡公頭一。食飲用二籩豆一。

物産は略儋耳・朱崖と同じ。地は温暖にして、風俗は淫ならず。男女は皆露紒にし、富貴の者は錦繍・雑采を以て帽となし、中国の胡公頭に似る。食飲には籩豆を用う。

〈露紒〉『三国志』13、一一一ページ注参照。〈錦繍〉あやにしき。〈雑采〉諸種のあやぎぬ。〈胡公頭〉帽子の名。『荊楚歳時記』に「臘月（大晦日）並胡公頭を戴く」とある。〈籩豆〉『後漢書』5、五八～五九ページ注・解説参照。

＊本条の冒頭部分は『三国志』13を参考にしているが、『南史』6と同文である。

4 其死有レ棺無レ槨、封土作レ冢。人性皆嗜レ酒。俗不レ知二正歳一。多二寿考一、或至二八九十一、或至二百歳一。其俗女多男少、貴者至二四五妻一、賤者猶レ至二両三妻一。婦人不二淫妒一、無二盗窃一、少二諍訟一。若犯レ法、軽者没二其妻子一、重則滅二其宗族一。

その死には棺ありて槨なく、封土して冢を作る。人の性は皆酒を嗜む。俗は正歳を知らず。寿考多く、或は八、九十に至り、或は百歳に至る。その俗は女多く男少なく、貴者は四、五妻に至り、賤者も猶両、三妻に至るがごとし。婦人は淫妒せず、盗窃なく、諍訟少なし。もし法を犯せば、軽き者はその妻子を没し、重きは則ちその宗族を滅す。

〈淫妬〉みだらでねたむ。

＊本条は『三国志』16・20・21を参考にしたもので、それぞれの箇所を参照されたい。ただ「淫妬」が『三国志』では「妒忌」となっている。なお『南史』7とは同文である。

5 漢霊帝光和中、倭国乱、相攻伐歴レ年、乃共立二一女子卑弥呼一為レ王。(卑)弥呼無二夫壻一、挟二鬼道一、能惑レ衆、故国人立之。有二男弟一佐二治国一。自レ為レ王、少レ有二見者一、以二婢千人一自侍、唯使三一男子出入伝二教令一。所レ処宮室、常有レ兵守衛。

漢の霊帝の光和（一七八～一八四）中、倭国乱れ、相攻伐して年を歴し、乃ち共に一女子の卑弥呼を立てて王となす。卑弥呼には夫壻なく、鬼道を挟り、能く衆を惑わし、故に国人は立てる。男弟あり国を佐治す。王となりてより、見ゆる者あるは少なく、婢千人を以て自ら侍り、唯一の男子をして出入りし教令を伝えしむ。処る所の宮室は、常に兵を有ちて守衛す。

〈教令〉命令。

＊本条は『三国志』25・26、『後漢書』10・11を参考に引用したもので、同箇所を参照されたい。

ここで注目すべき重大な問題は、『三国志』『後漢書』では倭国大乱をただ「桓・霊の間」としていたのに対し、その年次を明らかに「霊帝の光和中」と記し、およそ五年間の争乱であったとする大きな収穫である。その「霊帝の光和中」のことは『北史』5にも見えるが、その出所は不明である。

ところが北宋の太平興国八年（九八三）に完結した『太平御覧』（巻七八二）東夷・倭（倭）に、「魏志曰、倭国在二帯方東南大海中一。」云々と冒頭の文を引用した後、「又曰く」として次のごとくつづく。

又曰、倭国本以二男子一為レ王。漢霊帝光和中、倭国乱、相攻伐無レ定。乃立二一女子一為レ王、名二卑弥呼一、事二鬼道一、能惑レ衆。……

この「又曰く」は、前掲の魏志の文のつづきとみるのが至当であろう。厖大な量の書籍を項目別に分類再録した『太平御覧』が、間違って「魏志曰く」「又曰く」と記したとは考えられない。もしそうであれば、今は散佚している陳寿の『三国志』魏志の原本があって、それには光和年号が記載されていたことになる。

しかも『梁書』や『北史』が撰録されたのは、『太平御覧』よりもずっと以前の唐代である。そのころ陳寿の『三国志』魏志を見て、「霊帝光和中」と記したことになる。というのは、裴松之が大量に補注した『三国志』、それも原本は失われ、本書が用いる刻本の紹熙（一一九〇～九四）本には、「漢霊帝光和中」の場所に代わって、「住まること七、八十年」の文が入っている。もし意図的に変えたとすれば裴松之の時であったといえるが、それは何のためであったのであろうか。

今のところ判断しかねるが、少なくとも倭国大乱が後漢末の霊帝光和年間であったことは認めてよく、『梁書』『北史』の記事も陳寿の『三国志』魏志によるものであったと考えてよかろう。

6 至二魏景初三年一、公孫淵誅後、卑弥呼始遣レ使朝貢。魏以為二親魏（倭）王一、仮二金印・紫綬一。正始中、卑弥呼死、更立二男王一、国中不レ服、更相誅殺、復立二卑弥呼宗女台与一為レ王。

魏の景初三年（二三九）に至り、公孫淵の誅せられて後、卑弥呼は始めて使いを遣わして朝貢す。魏は以て親魏倭王となし、金印・紫綬を仮す。正始（二四〇～二四九）中、卑弥呼死し、更に男王を立つるも国中は服わず、更〻相誅殺し、復卑弥呼の宗女の台与を立てて王となす。

〈公孫淵〉『三国志』28、一二九～一三〇ページ解説参照。

＊本条は邪馬台国の女王卑弥呼が魏朝へ初めて朝貢したことから、崩じて姪の台与が女王となるまで、すなわち『三国志』28～36を、あまりにも簡略に記したものである。それぞれの該当箇所を参照されたい。

7 其後復立二男王一、並受二中国爵命一。晋安帝時、有二倭王賛一。賛死、立二弟弥一、弥死、立二子済一、済死、立二子興一、興死、立二弟武一。斉建元中、除二武（使）持節・（都）督倭・新羅・任那・伽羅・秦韓・慕韓六国諸軍事・鎮東大将軍㆒。高祖即位、進㆓武号征東（大）将軍㆒。

その後、復男王を立て、並中国の爵命を受く。晋の安帝の時、倭王の賛あり。賛死し、弟の弥を立て、弥死し、子の済を立て、済死し、子の興を立て、興死し、弟の武を立てる。斉の建元（四七九～四八二）中、武を使持節・都督倭・新羅・任那・伽羅・秦韓・慕韓六国諸軍事・鎮東大将軍に除す。高祖即位し、武の号を征東大将軍に進む。

〈爵命〉封を享け職を授けられる。

＊前半のことは『晋書』『宋書』にみえるので参照されたい。各史書で「珍」としているのを、ここでは「弥」と記している。しかもこの一例だけである。

また後半、斉国と梁国から倭王の武（雄略）が称号を進められているが、それは初代皇帝の即位にあたり、建国を祝しての進除であった。しかも武はすでに崩じており、重要な問題なので『宋書』1～3の解説および『南斉書』1を見ていただきたい。

8 其南有㆓侏儒国㆒、人長三四尺。又南黒歯国・裸国、去㆑倭四千餘里、船行可㆓一年㆒至。又南万里有㆓海人㆒、身黒眼白、裸而醜。其肉美、行者或射而食之。

その南に侏儒国あり、人の長三、四尺なり。また南に黒歯国・裸国、倭を去ること四千餘里、船行して一年可にて至る。また南へ万里にして海人あり、身は黒く眼は白く、裸にて醜し。その肉は美く、行く者は或は射て食う。

＊本条は『三国志』27、『後漢書』12を引用したものである。しかし末尾の海人の肉がおいしく、射て食べるというのは、ここだけに見える記事である。

隋書

『隋書』は帝紀五巻、志三十巻、列伝五十巻、合わせて八十五巻から成る。

唐の貞観三年（六二九）に梁・陳・北斉・北周・隋の五朝史の編修を、魏徴（五八〇～六四三）が勅をうけて主宰し、『隋書』の帝紀・列伝は貞観十年（六三六）、顔師古・孔穎達によって完了した。しかし志は長孫無忌の監修で、顕慶元年（六五六）に完成した。

その『隋書』には推古朝における遣使と、隋から裴世清らの使者の来朝など、重要な記事が見える。それは初代文帝と二代煬帝の時で、その二帝について略記しておきたい。

文帝は即位八年で陳を滅ぼして全国を統一し、国号を隋と改めて長安（陝西省西安市の西北）に都する。煬帝はその文帝を殺して即位し、運河を開いたり、重税を課して贅を尽くして民を苦しめた。ことに高句麗を攻めて敗戦したことがひびいて、わずか二帝・三十八年の短命で滅亡し、唐に更迭した。

（巻三）煬帝紀

1 大業四年三月壬戌、百済・倭・赤土・迦羅舎国、並遣レ使貢二方物一。

大業六年春正月己丑、倭国遣レ使貢二方物一。

大業四年（六〇八）三月壬戌、百済・倭・赤土・伽羅舎国、並使いを遣わして方物を貢す。

大業六年（六一〇）春正月己丑、倭国、使いを遣わして方物を貢す。

＊大業四年は推古朝十六年にあたる。『日本書紀』によると、前年の推古朝十五年七月三日の条に、小野妹子を隋へ遣わしたという記事がみえる。それが翌十六年、すなわち大業四年三月の朝貢として記されたものとみてよい。このときのことは後の22に詳しく見えるので、注意してほしい。

そして同年に妹子が帰るのに同伴して、隋は裴世清のほか十二名を使者としてわが国に派遣した。その時の詳細な次第は23〜26に記されている。その裴世清の帰国について行った答礼使の妹子の一行が、大業六年正月の朝貢記事となっているものとみてよい。

ところが煬帝朝の以前、初代文帝の開皇二十年（六〇〇）に、わが国から最初の使者が遣わされている。その内容は9に見えるが、『日本書紀』には記載がない。それには事情があったが、わが国古代の祭政二重主権の統治形態を示す貴重な記録である。必ず一読されたい。

（巻八一）列伝・東夷・倭国

2 倭国在二百済・新羅東南一、水陸三千里、於二大海之中一依二山島一而居。魏時、訳通二中国一三十餘国、皆自称レ王。

倭国は百済・新羅の東南に在り、水陸三千里、大海の中に於(お)いて山島に依(よ)りて居(すま)う。魏の時、訳(やく)の中国に通ずるもの三十餘国、皆自ら王と称す。

〈山島〉「後漢書」1、四九ページ注参照。〈訳〉通訳。

＊本条は『三国志』1を参考にしながら、「帯方の東南」を当時の「百済・新羅の東南」に改めたのはよかったが、「魏の時」としたのは後の8で見るように間違いである。なお本条以下が『北史』に再録されている。

3 夷人不レ知二里数一、但計以レ日。其国境東西五月行、南北三月行、各至二於海一。其地勢東高西下。

夷人(いじん)は里数(りすう)を知らず、但(ただ)計(はか)るに日を以てす。その国境は東西五月行、南北三月行にして、各ゝ海に至る。その地勢は東に高く、西に下(さが)る。

〈夷人〉東夷の中の倭国人、すなわち日本人をさす。

＊中国ではこの時代も次の4でわかるように、まだ日本列島の位置が正確につかめていなかった。そのため古来の方位観、すなわち「南」は「東」に、「西」は「南」に直してよいのであるが、それがここでは合わない。倭国の遣使などの話から矛盾した表現に

なっているようである。

なお本条は『北史』2と同文である。

4 都於邪靡(摩)堆、則魏志所謂邪馬台者也。古云去楽浪郡境及帯方郡並一万二千里、在会稽之東、与儋耳相近。

邪摩堆に都し、則ち魏志の謂う所の邪馬台という者なり。古に云う、楽浪郡境及び帯方郡を去ること並一万二千里にして、会稽の東に在り、儋耳と相近しと。

＊「古に云う」以下は『後漢書』2を参照したものであるが、会稽は中国の浙江省紹興の地、儋耳は海南島の郡名で、その東方海上に日本列島があるという地理観は、この時代でもまだ半信半疑で残っていたのであろうか。

本条は『北史』3で引用されているが、そこでは「邪摩堆」を正しく書いており、刻本のときの誤写である。

5 漢光武時、遣使入朝、自称大夫。安帝時、又遣使朝貢、謂之倭奴国。

漢の光武の時、使いを遣わして入朝し、自ら大夫と称す。安帝の時、また使いを遣わして朝貢し、之を倭の奴国という。

＊本条は『後漢書』8・9を参考にしたもので、この二回の朝貢の詳細については同箇所の解説を読んでいただきたい。

なお付言しておくと、「漢の光武の時」とは後漢朝の初代皇帝の末年、建武中元二年（五七）の入貢である。また「安帝の時」とは第二回目の遣使で、永初元年（一〇七）にあたる。これが倭国から中国に対しての最初の朝貢記事で、北部九州の奴国からの遣使である。

6桓・霊之間、其国大乱、逓相攻伐、歴レ年無レ主。有二女子一名二卑弥呼一、能以二鬼道一惑レ衆。於レ是国人共立為レ王。有二男弟一、佐二卑弥一理レ国。

桓・霊の間、その国大いに乱れ、逓いに相攻伐し、年を歴るも主なし。女子あり卑弥呼と名づけ、能く鬼道を以て衆を惑わす。是に於いて国人は共に立てて王となす。男弟あり、卑弥を佐け国を理む。

*本条は『三国志』25、『後漢書』10を参照したものである。文中に見える姉の女王卑弥呼と弟の男王による祭政二重主権の形態は、わが国古代の特徴ある統治のあり方を示すもので、その詳細について上掲の箇所の解説を必ず一読されたい。

なおここでは倭国大乱が「桓・霊の間」となっているが、『梁書』5と『北史』5では霊帝の光和（一七八～一八四）中であったと記している。その考証は『梁書』5の解説を見ていただきたい。

7其王有二侍婢千人一、罕レ有下見二其面一者上、唯有二男子二人一、給二王飲食一、通二伝言語一。其王有二宮室・楼観・城柵一、皆持レ兵守衛。為レ法甚厳。

その王には侍婢千人あり、その面を見る者あるは罕にして、唯男子二人あり、王に飲食を給し、言語を通伝す。その王には宮室・楼観・城柵あり、皆兵を持ちて守衛す。法を為り甚だ厳なり。

〈通伝〉のべつたえる。

＊本条は前条につづき『三国志』26、『後漢書』11を参考にしたものである。「有二宮室・楼観・城柵一」の表現が異なるので注意されたい。

その宮室は女王の常の在所、楼観は後の9で説明するように、女王が祭事を行う重要な場所である。

8 自レ魏至二于斉・梁一、代与二中国一相通。

魏より斉・梁に至り、代ゝ中国と相通ず。

＊倭国が初めて入貢したのは後漢朝の初代光武帝の時で、さきの5でそのように書きながら、ここではあらためて魏からのことを述べている。もちろん魏・晋・宋には朝貢したが、斉・梁にもつづいたというのは間違いである。

さきの『宋書』1〜3の解説で詳細に考証したように、斉の建元元年（四七九）と梁の天監元年（五〇二）はともに初代皇帝の即位式が行われた年で、そのとき建国の祝いとして倭国王の称号が進除された。しかし朝貢はしておらず、建元元年の前年に倭国王の武（雄略）は崩じて、その後の遣使はまったくない。そして隋に入って朝貢が再開されたのである。

9開皇二十年、倭王姓阿毎、字多利思北（比）孤、号二阿輩雞弥一、遣レ使詣レ闕。上令三所司訪二其風俗一。使者言、「倭王以レ天為レ兄、以レ日為レ弟、天未レ明時出聴レ政跏趺坐、日出便停二理務一、云委二我弟一。」高祖曰、「此太無二義理一。」於レ是訓令レ改之。

開皇二十年（六〇〇）、倭王、姓は阿毎、字は多利思比孤、阿輩雞弥と号し、使いを遣わして闕に詣る。上、所司をしてその風俗を訪わしむ。使者言う、「倭王は天を以て兄となし、日を以て弟となし、天未だ明けざる時出でて政を聴くに跏趺して坐し、日出ずれば便ち理務を停め、云う、我が弟に委ぬ」と。高祖いわく、「此れ太だ義理なし」と。是に於いて訓えて改めしむ。

〈闕〉宮殿。都は長安。〈上〉天子の尊称。〈所司〉長官。〈跏趺〉あぐらをかく。足を組んで坐る。〈理務〉治める仕事。〈高祖〉ここでは初代の文帝をさす。〈義理〉わけ。意味。

＊さきの煬帝紀（1）では、倭国からの遣使の初めが大業四年（六〇八）となっているが、実際は本条に見るように、八年前の開皇二十年が最初の遣使であった。正史の『日本書紀』には記載されていないが、それは後述する理由からであった。冒頭に倭王の珍しい称号が示されているが、それは後にして、隋朝に参上した使者に

対し、初代文帝が倭国の習俗について質問している。まずそのことから取り上げることにしたい。

「倭王は天を以て兄となし、日を以て弟となす」と述べている。「天」にも「日」にも王の意が含まれているが、兄は宇宙の主宰者としての王、すなわち現人神として至高の治者の立場で君臨しているのに対し、弟は太陽としての王、すなわち前者を補佐する立場で、実際の政務を司る者であるという意である。つまり、祭（祭事）・政（政事）をともに「まつりごと」と称したのも、兄と弟の二人の王による祭政二重主権の統治形態である国柄について述べたのであった。

そして兄なる王は夜が明けない前に出座して、あぐらをかいて座り、弟なる王から政事について聞く。いわゆる幽祭の形式による祭事である。その場所は『三国志』26、『後漢書』11に記された「楼観」であったとみてよかろう。

わが国古代における神祭りは、地方の村々に至るまで幽祭の形式で行われていた。その時刻は丑の刻（午前二時）を中心に、子の刻（午前零時）から寅の刻（午前四時）にかけてである。そして神前に座る現人神の兄なる王は、弟の王が言上する政務の次第を聞くが、それは神への奉告を意味するものであった。そのとき現人神の兄から神託として弟に命じることもあった。

そして「日出ずれば」、すなわち夜が明けると同時に、弟なる王に政務のいっさいが委ねられる。実際その頃の政庁は日の出とともに役人が登庁し、午前中で執務が終わった。

こうした兄と弟による祭政二重主権の統治形態に先行して、姉（または妹）と弟（または兄）との組み合わせになるもの、すなわち邪馬台国の女王卑弥呼と、「男弟あり国を佐け治む」とある補佐役の男王とによる祭政二重主権の形態があった。

大和朝廷では祭事権者としての長男と、政事権者としての次男との組み合わせになって、弟の王のことを「男弟王」と称した。もっとも古い資料は和歌山県橋本市の隅田八幡宮に伝わる人物画像鏡で、その銘文に「大王」と「男弟王」の字が見える。それは反正天皇と弟の雄朝津間稚子宿禰（後の允恭天皇）とされている。

冒頭にその大王の呼称が、姓は「阿毎」、字は「多利思比孤」と姓と名に分けてみえるが、正しくは「阿毎多利思比孤」、それは「天足彦」である。語根は「垂らす」（他四）で「天から降りられた人」、すなわち世界の王者にみる日子思想にもとづくもので、天つ神の子として降臨された人に対する尊称である。

つづいて「阿輩雞弥」がみえるが、いうまでもなく「大王」（大君）のことである。「け」は古音でkyiと発声された。また「君」は古語で「神」の称である。

左に大和朝廷における「天足彦」の実例を『日本書紀』によって示してみよう。括弧内は『古事記』の表記である。

第三代　景行天皇　大足彦忍代別天皇（大帯日子淤斯呂和気命）

第四代　成務天皇　稚足彦天皇（若帯日子命）

人物画像鏡（隅田八幡神社蔵）

第五代　仲哀天皇　足仲彦天皇（帯中日子命）
神功皇后　気長足姫尊（息長帯比売命）
第二六代　皇極天皇　天豊財重日足姫天皇

これらは大和朝廷初期の天皇、それも尊称としてみられるが、女性の「足姫」は注目されてよいであろう。しかも皇極天皇は推古女帝の二代後の女帝である。

推古天皇が女性でありながら、使者が「天足彦」という男性の尊称を用いたことが問題となり、いろいろの人名が挙げられたことがある。実はこのとき使者は、女性の天皇として推古女帝が初めてでもあり、そのため一般論として告げたものである。

ところが拙著『女王卑弥呼の国』を執筆中、「天足彦」の尊称が邪馬台国（物部王朝）にまで遡る可能性のある資料を見つけた。それは物部一族が弥生時代初頭に北部九州から河内・大和へ向けて東遷したとき、筆頭の豪族である二田造が祀る神社の祭神に、「天足彦神」の名があったからである。

現在の大阪府泉大津市と和泉市にかけて、二田造に関連する巨大な環濠集落の池上・曽根遺跡がある。その泉大津市の中央に「二田」という地名も伝わり、また北曽根の地には地域の総鎮守として祀った二田国津神社がある。それは「二田の国を守り治める神の社」で、その祭神が天足彦神・二田物部神であることを知ったのである。

二田物部神は二田造の祖神であろうが、天足彦神は物部一族の祖神とされた饒速日神なのか、或は物部王朝（邪馬台国）の建国の王なのか分からないが、「天足彦」という呼称のみえることは注目してよいことであろう。

以上のごとき内容を使者は報告した。しかし太古から一人の男王が全権を掌握する中国の皇帝には、大王を現人神とみる祭政二重主権のあり方を、文化の低い蛮夷のものと考えたのであろう。文帝は「太だ義理なし」といって、改めるよう忠告した。

大きな期待をもった初回の遣使でありながら、収穫をもたらさなかったためか、『日本書紀』に記されることなく葬られることになった。しかし大王と男弟王の二王による統治形態は、律令国家が誕生するまでつづけられたのである。

10王妻号㆓雞弥㆒、後宮有㆓女六七百人㆒。名㆓太子㆒為㆓利歌弥多弗利㆒。無㆓城郭㆒。

王の妻は雞弥と号し、後宮に女六、七百人あり。太子を名づけて利歌弥多弗利となす。城郭なし。

〈後宮〉妃嬪や女官のいる奥御殿。〈城郭〉城壁。内側を城、外側を郭という。

＊「王の妻」とは推古女帝をさしたもので、「雞弥」は神の意の「君」である。後宮の人数は中国式の誇大的表現で、信じる必要はない。そして「太子」は摂政としての聖徳太子のことであるが、その呼称の「りかみたふり」は不明。

11内官有㆓十二等㆒、一曰㆓大徳㆒、次小徳、次大仁、次小仁、次大義、次小義、次大礼、次小礼、次大智、次小智、次大信、次小信、員無㆓定数㆒。有㆓軍尼一百二十人㆒、猶㆓中国牧宰。八十戸置一伊尼冀、如今里長也。十伊尼冀属一軍尼。
内官には十二等あり、一に大徳といい、次に小徳、次に大仁、次に小仁、次に大義、次に小義、次に大礼、次に小礼、次に大智、次に小智、次に大信、次に小信、員に定数なし。軍尼は一百二十人あり、猶中国の牧宰のごとし。八十戸に一伊尼冀を置き、今の里長の如きものなり。十伊尼冀は一軍尼に属す。

〈内官〉宮中に在勤する官吏。〈員〉物のかず。〈軍尼〉推古朝の官名。〈牧宰〉隋朝の官の等級名で、参考に唐の官名で示すと、守・刺史・使君・宰史・牧宰・国宰・太守の七階である。〈伊尼冀〉推古朝の官名。里長のごときもの。

＊この冠位十二階は『日本書紀』に推古十一年（六〇三）十二月五日に発布されたことがみえる。しかし本条および転載した『北史』8では順番が違い、正しくは徳・仁・礼・信・義・智である。隋の使者に報告するとき間違えたのであろう。その冠の材料などについては13を参照されたい。

12 其服飾、男子衣裙襦、其袖微小。履如屨形、漆其上、繋之於脚。人庶多跣足。不得用金銀為飾。故時衣横幅、結束相連而無縫。頭亦無冠、但垂髪於両耳上。
その服飾、男子は裙襦を衣、その袖は微小なり。履は屨形の如く、その上に漆り、之を脚に繋ぐ。人庶は多く跣足なり。金銀を用いて飾りとなすことを得ず。故き時の衣は横幅、結束して相連ねて縫うことなし。頭にも亦冠なく、但髪を両耳の上に垂らす。

〈裙襦〉はだぎ。じゅばん。〈微小〉小さい。〈履形〉くつの形。〈人庶〉人民。庶民。〈跣足〉はだし。〈横幅〉『後漢書』4、五四ページ注参照。

＊来朝した隋の使者の眼でみた男性の服装について記したものである。上半身はじゅばんに類する薄手の物を着ていたのであろう。履き物は上流階層では漆塗りの木沓であったらしいが、一般庶民は跣であったという。

ここで昔の男性の服装として、腰巻きだけをつけていたことを記している。ところが太古の断髪（「序説」参照）は記憶からも失われて、髪を両耳の上に垂らすようになっていたのであろう。

13 至レ隋、其王始制レ冠、以二錦綵一為レ之、以二金銀鏤花一為レ飾。婦人束二髪於後一、亦衣二裙襦一、裳皆有レ襈。攕レ竹為レ梳。編レ草為レ薦、雑皮為レ表、縁以二文皮一。

隋に至り、その王は始めて冠を制し、錦綵を以て為り、金銀の鏤花を以て飾りとなす。婦人は髪を後に束ね、また裙襦を衣、裳には皆襈あり。竹を攕くして梳となす。草を編みて薦となし、雑皮は表となし、縁は文皮を以てす。

〈錦綵〉錦のあやぎぬ。〈鏤花〉花の模様をちりばめる。また、その花。〈襈〉ふち。へり。〈攕〉ほそく。こまかく。〈薦〉こも。しきもの。〈文皮〉模様のある皮。

＊さきの11では冠位十二階の名称について述べたものであったが、本条の前半では冠の

布地や飾りについて紹介している。参考のため『日本書紀』が記すものを左に示しておく。

当色の絁を以て縫えり。頂は撮摠べて（あつめたばねて）嚢の如くにて、縁を著けたり。元日には髻華（冠の上にかざす飾り）を著く。

そして後半は女性の服飾について述べている。

14 有二弓・矢・刀・矟・弩・穳・斧一、漆レ皮為レ甲、骨為二矢鏑一。雖レ有レ兵、無二征戦一。其王朝会、必陳二設儀仗一、奏二其国楽一。戸可二十万一。

弓・矢・刀・矟・弩・穳・斧あり、皮を漆りして甲となし、骨は矢鏑となす。兵ありと雖も、征戦なし。その王の朝会には、必ず儀仗を陳設し、その国楽を奏す。戸は十万可なり。

〈矟〉馬上で持つ矛で、長さ一丈八尺。〈弩〉いし弓。矢石を発射する武器。〈穳〉小さい矛。〈矢鏑〉やじり。鏃。〈征戦〉いくさ。〈朝会〉朝廷に役人が集まっての儀式。〈儀仗〉儀式に用いる武器。〈陳設〉ならべもうける。〈国楽〉その国の儀式に用いる歌。

＊ここでは武器の種類を紹介しているが、兵隊はいても戦争はないと、推古朝の平和を端的に述べている。戦いが日常のごとくつづく漢族には、信じられない感銘であったのかもしれない。

そして朝廷で何か儀礼のあるときは、儀仗兵が整列して国歌を奏する。これは隋の使者が宮殿に迎えられた時の様子を記したものであろう。

15 其俗、殺人・強盗及姦皆死。盗者計レ贓酬レ物、無レ財者没レ身為レ奴。自餘軽重、或流或杖。毎訊二究獄訟一、不二承引一者、以レ木圧レ膝、或張二強弓一、以レ弦鋸二其項一。或置二小石於沸湯中一、令二所レ競者探一レ之、云理曲者即手爛。或置二蛇甕中一令レ取レ之、云曲者即螫レ手矣。人頗恬静、罕二争訟一、少二盗賊一。

その俗に、殺人・強盗及び姦するは皆死す。盗む者は贓を計りて物で酬い、財なき者は身を没して奴となす。自餘は軽重にて、或は流し或は杖つ。毎に獄訟を訊究し、承引せざる者は、木を以て膝を圧し、或は強弓を張り、弦を以てその項を鋸く。或は小石を沸湯の中に置き、競うところの者をして探らしめ、云う、理の曲れる者は即ち手爛ると。或は蛇を甕の中に置きて取らしめ、云う、曲れる者は即ち手を螫さると。人は頗る恬静にして、争訟罕に、盗賊少なし。

〈俗〉『三国志』19、一一六ページ注参照。〈贓〉盗んだ品物。〈酬〉つぐなう。〈奴〉奴隷。〈自餘〉そのほか。〈流〉五刑の一。流刑。〈杖〉五刑の一。むちうつ。杖刑。〈獄訟〉訴訟事件。〈訊究〉取り調べる。糺問する。〈承引〉承知する。〈強弓〉つよいゆみ。〈弦〉弓のいと。〈鋸〉鋸でひききる。〈理〉物事のすじ道。道理。〈恬静〉安らかでしずか。〈争訟〉『後漢書』6、五九ページ注参照。

＊これも隋の使者が聞き出した習俗であろうが、特に注目されるのは沸騰する湯の中の

小石を探らす同じ神判が、『日本書紀』允恭朝に「盟神探湯」、略して「探湯」として記されていることである。それは氏姓の乱れを正すために味橿丘（奈良県明日香村）に探湯瓮を据え、木綿手繦をした各人の手を熱湯に入れさせて神判したものである。そして注に「或は泥を釜に納れて煮沸かして、手を攘げて湯の泥を探り、或は斧を火の色に焼きて掌に置く」とあり、いろいろの方法があったらしい。

その探湯は『日本書紀』によると、允恭天皇の四代前の五世紀前半にあたる応神紀と、七代後の継体紀でも行われていた。さらに七代後が推古天皇である。本条にはその推古朝で、甕の中の毒蛇をつかむことがみえる。

ところが『南斉書』をみると、古代のクメール国であった扶南国で同じ神判が行われている。

牢獄なく、訟うる者あれば、則ち金の指鐶、若しくは雞子（卵）を以て沸湯の中に投れて探らしめ、また鎖を焼きて赤くせしめ、手の上に著けて捧げて七歩を行かしむ。罪ある者は手皆焦爛れ、罪なき者は傷かず。

また『梁書』も同じことを記しているが、さらに鰐の濠や猛獣の囲いの中に入れて神判することが記されている。

この「探湯」による神判は倭族全般の習俗であったとみてよい。現在でもタイ国の山岳地帯に住むリス族、中国雲南の佤族で伝えていることを、拙著『原弥生人の渡来』（角川書店、一九八二年）、『弥生文化の源流考』で実例をもって紹介している。

探湯（雲南、佤族）

16 楽有二五弦・琴・笛一。男女多黥レ臂、点レ面、文レ身、没レ水捕レ魚。無二文字一、唯刻レ木結レ縄。敬二仏法一、於二百済一求二得仏経一、始有二文字一。知二卜筮一、尤信二巫覡一。毎至二正月一日一、必射戯・飲酒、其餘節略与レ華同。好二棊博・握槊・樗蒲之戯一。

楽に五弦・琴・笛あり。男女は多く臂に黥し、面に点じ、身に文し、水に没して魚を捕う。文字なく、唯木を刻み縄を結ぶ。仏法を敬い、百済に於いて仏経を求得し、始めて文字あり。卜筮を知り、尤も巫覡を信ず。毎に正月一日に至れば、必ず射戯・飲酒し、その餘の節は略華と同じ。棊博・握槊・樗蒲の戯を好む。

〈五弦〉糸が五筋ある楽器。〈臂〉肘から手首まで、肩から手首までの称。〈黥〉入れ墨をする。〈文〉かざる。入れ墨をする。〈射戯〉弓を射てのあそび。〈求得〉求めて得ること。〈卜筮〉うらない。〈巫覡〉女みこ男みこ。〈華〉中国。中華。〈棊博〉碁のばくち。〈握槊〉すごろくの一種。〈樗蒲〉ばくち。

＊太古の倭人は黥面・文身、すなわち顔面や身体に入れ墨をしていたが、推古朝ごろには顔の入れ墨は失われ、肘から手首までの間と身体の入れ墨に変わっていたことを示している。その入れ墨は隋の使者にとって興味深く、しかし文化的に低い民族にみえたことであろう。

そして仏教の伝来は欽明朝とされているが、その経典によって初めて文字を知ったというのはどうか。文化の高かった呉国の遺民が亡命してきた国である。

17 気候温暖、草木冬青、土地膏腴、水多陸少。以二小環一挂二鸕鷀項一、令二入レ水捕レ魚、日得二百餘頭一。俗無二盤俎一、藉以二檞葉一、食用レ手餔レ之。性質直、有二雅風一。

気候は温暖にして、草木は冬も青く、土地は膏腴にして、水多く陸少なし。小環を以て鸕鷀の項に挂け、水に入れて魚を捕えしめ、日に百餘頭を得。俗に盤俎なく、藉くに檞の葉を以てし、食するに手を用いて餔う。性質は直く、雅風あり。

〈膏腴〉肥沃な土地。〈小環〉小さい輪。〈鸕鷀〉水鳥の一種。う。〈盤俎〉魚肉を料理する台。まないた。〈餔〉くらう。〈雅風〉しとやかさ。おくゆかしさ。

＊鵜飼いは長江で発祥したものなので、日本列島に渡来するとき持ってきた習俗である。それが黄河流域の長安の都で育った隋の使者たちには、珍しい風物詩として映ったことであろう。

仏教の伝来のとき箸の習俗も入ったと考えているが、飯を檞の葉に盛って手食するというのは、庶民でも外出の時にみられたものと思う。

18 女多男少。婚嫁不レ取二同姓一、男女相悦者即為レ婚。婦入二夫家一、必先跨レ犬（火）、乃与レ夫相見。婦人不二淫妬一。

女多く男少なし。婚嫁には同姓を取らず、男女相悦ぶ者は即ち婚をなす。婦の夫の家に入るに、必ず先ず火を跨ぎ、乃ち夫と相見ゆ。婦人は淫妬ならず。

〈婚嫁〉縁組み。〈淫妬〉「梁書」4、一七九ページ注参照。

＊女が多く男が少ないというのは、『後漢書』の「国に女子多く、大人は皆四、五妻あり云々」の記事から、その後の各史書も一様に取り上げているが、間違いである。

また同姓の結婚はできなかったとあるが、わが国では昔からそうした制約はなかった。中国や朝鮮の同姓不婚と同じようにみたのであろう。

そして嫁が婿の家に入るとき火を跨ぐのは、ごく最近まで辺境の地に残っていた。例えば嫁が入家するとき、門口で十字に組んだ松明(たいまつ)の火勢の弱まったのを跨いだり、玄関の上がり口の板敷きに十字に組んだ藁(わら)松明を嫁が跨ぐとき、男女の子供が嫁の尻(しり)を叩いたりする。

一般に入家した嫁がまず炉端でお茶をいただく習俗はひろくみられたが、それは家の神である火の神への挨拶(あいさつ)を意味し、それと関連のあるものであろう。

19 死者斂以棺・槨、親賓就屍歌舞、妻子・兄弟以白布製服。貴人三年殯於外、庶人卜日而瘞。及葬、置屍船上、陸地牽之、或以小輿。

死者は斂(おさ)むるに棺(かん)・槨(かく)を以てし、親賓(しんぴん)は屍に就きて歌舞し、妻子・兄弟は白布を以て服(きもの)を製(つく)る。貴人は三年外(そと)にて殯(もがり)し、庶人(しょじん)は日を卜(ぼく)して瘞(うず)む。葬(はふ)るに及んで、屍を船の上に置き、陸地に牽(ひ)き、或は小輿(こごし)を以てす。

〈槨〉『三国志』16、一一三ページ注参照。〈親賓〉したしい賓客。〈殯〉死んで葬るまでの間、棺に屍を入れて仮りに安置すること。〈庶人〉一般の人民。〈瘞〉かくしうずめる。

〈小輿〉小さな輿。

＊本条で重要なのは、古代の殯の習俗について記していることである。殯とは、人が死んで葬るまでの期間、死者の復活を願って遺体を布で巻いたり棺に入れて安置しておくことで、倭族にひろくみられる習俗である。ところが死後「親賓は屍に就きて歌舞す」とあり、その意味を解しかねられたと思う。

実は『日本書紀』に、推古天皇から六代後の天武天皇のことで、御陵に葬る数日前の儀礼として、

皇太子、公卿・百寮人等と諸蕃の賓客を率いて、殯宮に適でて慟哭たてまつる。是に奠奉りて、楯節儛を奏る。

とある。養老職員令の雅楽寮集解には、「楯臥儛十人。五人は土師宿禰等、五人は文忌寸等、右は甲を著け、并に刀・楯を持つ」とみえ、殯の前で甲冑を着て刀や楯を持って舞った。

その殯の様相をさらに理解する好箇の資料として、香川県善通寺市の宮が尾古墳（六世紀後半）の石室に描かれた線刻壁画がある。それは高さ約一・七メートルの安山岩の奥室中央に、天地約一メートル、幅約〇・七メートルで描かれ、高床式殯屋を中心に五人の人物が舞っている。しかも殯屋から死者が上半身を乗り出して、さながら悦んで歌舞を見ている様子がうかがわれる。

宮が尾古墳の線刻壁画

殯の木棺（インドネシア、スラウェシ島、トラジャ族）

その殯が本条では貴人で三年間つづけられたとあるが、『日本書紀』に殯の記事は数多(あまた)ありながら、崩御の年内か、薨(こう)ずるのが年末に近いと翌年に葬られている。ただ五世紀後半の安康天皇が、「三年の後に乃ち菅原伏見陵に葬りまつる」とあるだけである。

ところが殯が二年間を過ぎて埋葬されると、それを三年葬という。例えば天武天皇は朱鳥(しゅちょう)元年（六八六）九月に崩御、持統二年（六八八）十一月に大内陵(おおうちのみささぎ)に葬られる。そこで三年葬であったといえる。

したがって貴族間では、三年葬が守られていたように思われる。実は倭族に属する中国福建省の殯の習俗について、『李朝実録』世祖八年（一四六二）に、「三年の喪畢(おわ)りて後、或は焼きて葬る」とあるが、三年葬であるのかもしれない。同じ例は韓国でも聞いたが、家長の死の場合は大房に安置して二年間の後、いわゆる三年葬である。

インドネシアの東端近くにあるスラウェシ島の山岳地帯に、南中国から渡来したトラジャ族がいて、高床式建物の壁一面に見る彫刻の見事さで有名である。彼らも死者が出ると、貴族階層は木棺を用いるが、一般には遺体を木綿で巻き、遺体の下には死汁を受けるために割り竹を数本敷く。その竹の底は床を経て地面に達する竹筒で接続され、死汁が地面に滲(し)みこむようにしている。

そして三ヵ月間は死者を病人として取り扱い、そのため生前と同じ西枕にする。その間に遠くの家族も帰って来て、葬儀の費用の分担や、規模・日取りを決める。階層によって水牛を犠牲として殺す数も定められているが、冥界(めいかい)でも現世の財産と地位が持続されるという信仰があって、盛大な葬儀が行われる。

その家族の会合で、死が確定されたとして、死者の頭を冥土に向けて南枕にする。殯の期間は上流階級で三年間、しかし下層階級は一～三日ほど家に留めるだけである。そのことは本条の記事とよく似ている。

そして遺骸は生前と同じように家族の部屋に安置され、家族もその傍らで寝る。ある家で臭くはないかと聞いたところ、臭みがあるときは呪術者に来てもらうとなくなるといった。このトラジャ族の殯の詳細については拙著『倭族トラジャ』（大修館書店、一九九五年）を参照されたい。それと同じ内容の殯が中国雲南の奥地に住む佤族にもあったが、ここでは省略することにしたい。

20 有二阿蘇山一、其石無レ故火起接レ天者、俗以為レ異、因行二禱祭一。有二如意宝珠一、其色青、大如二雞卵一、夜則有レ光、云魚眼精（睛）也。

阿蘇山あり、その石は故なく火の起ち天に接するは、俗に以て異となし、因りて禱祭を行う。如意宝珠あり、その色は青く、大は雞卵の如く、夜は則ち光あり、云う魚の眼睛なりと。

〈禱祭〉神仏を祈りまつる。〈如意宝珠〉仏舎利から出たという宝玉。この玉を持てば思いのまま願いがかなうという。〈眼睛〉目玉。

＊隋からの遺使が伊都国で滞在する間に、阿蘇山へ連れて行かれたとき聞いた話であろ

う。火山の噴火で火の石が降ったり流れたりするのを神の怒りとみて神祭りすることや、どこかの寺院で聞いた如意宝珠に興味を抱いたものと思われる。

21新羅・百済皆以レ倭為二大国一、多二珍物一、並敬仰之、恒通レ使往来。

新羅・百済は皆倭を以て大国となし、珍物多く、並敬仰し、恒に使いを通じて往来す。

〈敬仰〉うやまいあおぐ。

＊さきの欽明朝に仏教が百済からもたらされ、推古朝元年（五九三）に四天王寺、四年に法興寺が建立された。また高句麗からも仏像鋳造の黄金三百両が贈られて親交が深かった。それに反して新羅へは征討の兵を派遣しようとしたこともあったが、朝貢の使者が来たりして交流は盛んであった。そうした朝鮮半島との関係から、隋の使者が条文のごとく感じたのであろう。

22大業三年、其王多利思比孤遣レ使朝貢。使者曰、「聞海西菩薩天子重興二仏法一。故遣二朝拝一、兼沙門数十人来学二仏法一。」其国書曰、「日出処天子致二書日没処天子一、無レ恙」云云。帝覧之不レ悦、謂二鴻臚卿一曰、「蛮夷書有二無礼一者、勿二復以聞一。」

大業三年（六〇七）、その王の多利思比孤、使いを遣わして朝貢す。使者いわく、「聞く、海西の菩薩天子、重ねて仏法を興すと。故に朝拝に遣わし、兼ねて沙門数十人、来たりて仏法を学ぶ」と。その国書にいわく、「日出ずる処の天子、書を日没する処の天子に致す、恙なきや」云云。帝は覧て悦ばず、鴻臚卿に謂いていわく、「蛮夷の書、無礼あるものは、復以て聞かす勿れ」と。

〈朝貢〉諸国から来朝して天子にみつぎ物を奉ること。〈海西〉海の西の方。ここでは中国をさす。〈菩薩天子〉菩薩は仏陀の次の位。ここでは中国の皇帝を尊敬しての称。〈仏法〉仏教。仏の教え。〈朝拝〉拝謁すること。〈沙門〉出家して仏道を修める者。〈国書〉国と国とで贈答する文書。〈恙〉平安無事の意。〈鴻臚卿〉賓客などのことを掌る官職。〈蛮夷〉えびす。四夷（東夷・西戎・南蛮・北狄）。

＊大業三年は推古朝十五年にあたる。文中の「多利思比孤」は「天足彦」のことで、天皇の古称であることについては9の解説を参照されたい。

　また大業三年の朝貢とは、小野妹子が遣使であったことを1の解説で述べた。そのときの国書が煬帝を怒らせることになったが、それは「日出ずる処の天子、書を日没する処の天子に致す、恙なきや」と書かれた表のためであった。

　筆者が中学校のとき、それは超大国の隋を相手にひるむことなく、堂々と述べた聖徳太子の雄偉さを讃えるものとして教わった。しかし実際はそうでなく、過ぐる開皇二十年（推古朝八年、六〇〇）の遣使が述べた言葉の解説9でわかるように、「日出ずる処の天子」は弟の王を、「日没する処の天子」は兄たる王をさし、二王による祭政二重主権にもとづくものであった。ところが煬帝は、蛮夷の国から侮辱されたものと受け取ったのである。

しかし翌年、つぎの23以降で見るように、怒ったはずの煬帝が小国の倭国に使者まで派遣することになった。それは妹子が皇帝に倭国の王の特異なあり方を説明し、また鴻臚卿も開皇二十年の遣使の言葉を引いて助言し、煬帝の心を和ませたからであろう。

そして妹子が帰国するのについて隋の使者が派遣された。そのとき妹子に託された隋の国書に、上述の悶着のことにも触れていたためか、妹子はあえて国書を紛失したことにした。天皇や聖徳太子に心労をかけない妹子の心遣いであるが、その一件が『日本書紀』に左のように見え、参考のため紹介しておく。

爰に妹子臣、奏して曰さく、臣の参還る時に、唐の帝、書を以て臣に授く。然るに百済国を経過ぎし日、百済人、探りて掠め取る。是を以て上ることを得ずと。是に於いて群臣議りていわく、夫れ使人は死ると雖も旨を失わず。この使い、何ぞ怠りて大国の書を失うやと。則ち流刑に坐す。時に天皇、勅して曰わく、妹子の書を失う罪ありと雖も、輒く罪すべからずと。乃ち赦して坐したまわず。

23 明年、上遣文林郎裴清使於倭国。度百済、行至竹島、南望躭羅国、経都斯麻国、迥在大海中。又東至一支国、又至竹斯国、又東至秦王国。其人同於華夏、以為夷洲、疑不能明也。又経十餘国、達於海岸。自竹斯国以東、皆附庸於倭。

明年（大業四年、六〇八）、上は文林郎の裴清を遣わして倭国に使いす。百済を度り、行きて竹島に至り、南に躭羅国を望み、都斯麻国を経て、迥か大海の中に在り。また東して一支国に至り、また竹斯国に至り、また東して秦王国に至る。その人は華夏に同じく、以て夷洲となし、疑うも明らかにすること能わざるなり。また十餘国を経て、海岸に達す。竹斯国より以東は、皆倭に附庸す。

〈躭羅国〉耽羅国。今の済州島の古称。〈都斯麻国〉対馬。〈一支国〉『三国志』3、八二ページ注参照。〈竹斯国〉筑紫。〈秦王国〉不明。新羅をさすか。〈華夏〉中華。中国。〈夷洲〉えびすの国。〈附庸〉帝国に付属すること。

＊妹子について隋の使者が倭国へ向けて来る船旅の状況を記すものである。これ以降は都で迎えられて、倭王との面談などのことに及んでいる。使者の一行は「裴清」のほか十二名であるが、『日本書紀』では「裴世清」とみえる。
文中の「秦王国」は道筋に該当する所がないが、新羅（辰韓）が中国からの亡命人であるという説もあるので、船員の説明不足か、使者の聞きそこないによる記事と考えられる。

24 倭王遣㆓小徳阿（何）輩台㆒、従㆓数百人㆒、設㆓儀仗㆒、鳴㆓鼓角㆒来迎。後十日、又遣㆓大礼哥多毗㆒、従㆓二百餘騎㆒郊労。

倭王は小徳の何輩台を遣わし、数百人を従えて、儀仗を設け、鼓角を鳴らして来たり迎う。後十日、また大礼の哥多毗を遣わし、二百餘騎を従えて郊労す。

〈小徳〉冠位十二階の第二位。11、一九八ページ解説参照。〈儀仗〉14、二〇〇ページ注参照。〈鼓角〉軍中の号令に用いる太鼓とつの笛。〈大礼〉冠位十二階の第五位。11、一九八ページ解説参照。〈郊労〉里はずれまで出て客をねぎらうこと。

＊『日本書紀』によると、使者の一行は六月十五日に難波津で餝船三十艘の出迎えを受け、高麗館の横に隋の使者のため新築された新館に宿泊した。そして中臣宮地連烏麻呂・大河内直糠手・船史王平が掌客となって饗応したという。

その頃の難波津は海に面しないで河内潟にあった。そこから都に行くには、潟に流入する大和川を遡行して大和に入り、支流の初瀬川で大和平野を横切り、三輪山麓の海石榴市（現・桜井市金屋）で下船する。そして陸路で約一五キロ、南西の飛鳥にある小墾田宮に行く。

八月三日、『日本書紀』には「餝騎七十五疋を遣わして唐客を海石榴市の衢に迎う」とあり、額田部連比羅夫が歓迎の言葉を述べたという。

さて、以上の『日本書紀』の記事にもとづいて、『隋書』の文を理解したいのであるが、その前に解いておかねばならない疑問がある。それは難波津で何のために、一ヵ月半も滞在しなければならなかったかということである。

その理由として考えられるのは次のような事情であろう。難波津に着いた時、さきの22で紹介した内容、すなわち妹子は隋の皇帝から託された国書を百済で盗まれたことを告げた。そのことは隋の使者を朝廷に迎えるに先立って、処置しておくべき重大な問題であった。そのため急ぎ重臣たちの協議が行われ、天皇の裁可などに日時を費やしたとみるよりほかないであろう。

そこで本条と『日本書紀』との対比に入りたいが、本条では「後十日」を中にして前段と後段とに分かれる。そして決め手となるものは、騎馬で迎えたという記事であるが、それは後段に属する。『日本書紀』では、八月三日に海石榴市で餝騎をもって迎えたのに該当する。

それを認めると本条の前段は、『日本書紀』の難波津のことを記したものになる。そうなれば「後十日」は誤りで、実際は一ヵ月半後であったことになる。

その立場で、同文をそのまま転載している『北史』20をみると、本条の「阿輩台」が「何輩台」になっている。もしそれが正しければ、「大河内直」の「河内」（かはち）と似たものになる。しかも接待役の長の中臣宮地連は、妹子の一件を朝廷に知らせに行って留守で、世話のいっさいを彼が取り計らっていた。本条に彼の名前だけが記されているのも当然なのである。そこで本文も「何」に訂正することにした。

25 既至㆓彼都㆒。其王与㆑清相見、大悦曰、「我聞海西有㆓大隋礼義之国㆒、故遣朝貢。我夷人、僻㆓在海隅㆒、不㆑聞㆓礼義㆒。是以稽㆓留境内㆒、不㆓即相見㆒。今故清㆑道飾㆑館、以待㆓大使㆒。冀聞㆓大国惟新之化㆒。」

既にして彼の都に至る。その王は清（裴世清）と相見え、大いに悦びていわく、「我れ聞く、海西には大隋の礼義の国ありと、故に遣わし朝貢す。我れは夷人、海隅に僻在して、礼義を聞かず。是を以て境内に稽留し、即ち相見えず。今故に道を清め館を飾り、以て大使を待つ。冀くは大国惟新の化を聞かんことを」と。

〈既〉さるほどに。やがて。〈夷人〉えびす。自らの謙譲の意で用いる。〈海隅〉海岸の入りこんだ所。〈僻在〉かたよった遠い所にあること。〈境内〉国内。〈稽留〉とどまる。〈惟新〉万事が改まる新たなこと。〈化〉おしえ。

＊『日本書紀』によると、八月十二日に「唐の客を朝廷に召して、使いの旨を奏さしむ。時に阿倍鳥臣・物部依網連抱の二人を客の導き者となす」とある。この日に隋の使者の一行は朝廷に召された。

本条のことは『日本書紀』に見えないし、次の26とともに『北史』にも引用されていない。その内容は倭王が謙譲な心で、先進国としての隋のあり方を尋ねたものである。

26 清答曰、「皇帝徳並二儀、沢流四海。以王慕化、故遣行人来此宣諭。」既而引清就館。其後清遣人謂其王曰、「朝命既達。請即戒塗。」於是設宴享以遣清、復令使者随清来貢方物。此後遂絶。

清は答えていわく、「皇帝の徳は二儀に並び、沢は四海に流る。王の化を慕うを以て、故に行人を遣わし来たりて此に宣諭す」と。既にして清を引きて館に就く。その後、清は人を遣わしその王に謂いていわく、「朝命は既に達す。請う、すなわち塗を戒められんことを」と。是に於いて宴享を設け以て清を遣り、復使者をして清に随いて来たりて方物を貢がしむ。この後、遂に絶ゆ。

〈二儀〉天と地。陰と陽。〈四海〉四方の海。天下。〈行人〉賓客を掌る官名。しかしここでは「使者」の意として用いる。〈宣諭〉のべさとす。〈朝命〉朝廷の命令。君主の命。〈宴享〉酒食を設けて賓客に御馳走すること。

＊ここでは裴世清が、隋の大国であるのは皇帝の徳の高さによることを説く。しかし彼が「請う、すなわち塗を戒められんことを」と付言したのは、倭王の心の謙譲さに打たれて、煬帝の贅を思って慎まれることを進言したのであろう。実際そのために隋は短命に終わった。

なお付記しておくと、文末の朝廷における宴享は八月十六日に行われた。そして使者の一行は離京し、九月五日に難波津で別れの饗宴が催され、同月十二日に中国へ向けて出発した。そのとき答礼使として小野妹子も随従した。

北史

『北史』は本紀十二巻・列伝八十八巻、合計百巻から成る。その内容は北朝の北魏・北斉・北周・隋の四王朝、二百三十三年間の歴史を記述したもので、起こりは北魏の道武帝の登国元年（三八六）から隋の恭帝の義寧二年（六一八）に至る。

その『北史』は『南史』とともに李延寿の修撰になるが、初め父の李大師が手を染めたものである。しかしすでに沈約の『宋書』、蕭子顕の『南斉書』、魏収の『魏書』などが刊行されていた。ところが南・北朝に分離した政情も隋・唐によって統一されるに及んで、それらを総合的に叙述した史書の要求が高まっていた。その求めに応じて李延寿が唐の高宗の顕慶四年（六五九）に、『北史』『南史』ともに完成したものである。

したがって両書とも各史書を抜粋することになり、倭伝などは既往の史書をそのまま転載することが多い。しかしどこが引用されたかを知ることも大切であろう。

（巻九四）列伝・倭

1 倭国在二百済・新羅東南一、水陸三千里、於二大海中一依二山島一而居。魏時、訳通二中国一三十餘国、皆称レ子王。

倭国は百済・新羅の東南に在り、水陸三千里、大海の中に於いて山島に依りて居(すま)う。魏の時、訳の中国に通ずるもの三十餘国、皆王と称す。

＊本条は『隋書』２を引用したもので、同箇所を参照されたい。

2 夷人不レ知二里数一、但計以レ日。其国境、東西五月行、南北三月行、各至二於海一。其地勢、東高西下。

夷人(いじん)は里数を知らず、但(ただ)計(はか)るに日を以てす。その国境は東西五月行、南北三月行にして、各ゝ海に至る。その地勢は、東に高く西に下(さが)る。

＊本条も『隋書』３と同文で、同箇所を参照されたい。

3 居二於邪摩堆一、則魏志所レ謂邪馬台者也。又云、去二楽浪郡境及帯方郡一並一万二千里、在二会稽之東一、与二儋耳一相近。俗皆文身、自云二太伯之後一。

邪摩堆(やまと)に居り、則ち魏志の謂(い)う所の邪馬台(やまと)という者なり。また云う、楽浪郡境及び帯方郡を去ること並(みな)一万二千里にして、会稽(かいけい)の東に在り、儋耳(たんじ)と相近しと。俗に皆文身(ぶんしん)し、自ら太伯(たいはく)の後(すえ)と云う。

＊本条は『隋書』4を引用したもので、同箇所を参照されたい。

4 計下従二帯方一至中倭国上、循レ海水行、歴二朝鮮国一、乍レ南乍レ東、七千餘里、始度二一海一。又南千餘里、度二一海一、闊千餘里、名二瀚海一、至二一支国一。又度二一海一千餘里、名二末盧国一。又東南陸行五百里、至二伊都国一。又東南百里、至二奴国一。又東行百里、至二不弥国一。又南水行二十日、至二投馬国一。又南水行十日、陸行一月、至二邪馬台国一、即倭王所レ都。

帯方より倭国に至るを計るに、海に循いて水行し、朝鮮国を歴るに、南し乍ら東し乍ら、七千餘里にして、始めて一海を度る。また南千餘里にして、一海を度るに、闊千餘里、瀚海と名づけ、一支国に至る。また一海を度ること千餘里、末盧国と名づく。また東南へ陸行すること五百里にして、伊都国に至る。また東南百里にして、奴国に至る。また東行百里にして、不弥国に至る。また南へ水行二十日にして、投馬国に至る。また南へ水行十日、陸行一月にして、邪馬台国に至り、即ち倭王の都する所なり。

＊本条は『梁書』1と同内容のもので、同箇所を参照されたい。

5 漢光武時、遣レ使入朝、自称二大夫一。安帝時、又遣朝貢、謂二之倭奴国一。霊帝光和中、其国乱、逓相攻伐、歴レ年無レ主。有二女子一名二卑弥呼一、能以二鬼道一惑レ衆、国人共立為レ王。無レ夫、有二二男子一、給二王飲食一、通二伝言語一。其王有二宮室・楼観・城柵一、皆持レ兵守衛。為レ法甚厳。

漢の光武の時、使いを遣わして入朝し、自ら大夫と称す。安帝の時、また遣わして朝貢し、之を倭の奴国という。霊帝の光和（一七八～一八四）中、その国乱れ、逓いに相攻伐し、年を歴るも主なし。女子あり卑弥呼と名づけ、能く鬼道を以て衆を惑わし、国人に共に立てて王となす。夫なく、二の男子あり、王に飲食を給し、言語を通伝す。その王には宮室・楼観・城柵あり、皆兵を持ちて守衛す。法を為り甚だ厳し。

＊本条は『後漢書』8～11と『梁書』5を参考にするものであるが、「倭国大乱」が「霊帝の光和中」と記すのは、本条と『梁書』にしか見られないもので、その詳しい考証は『梁書』の解説を参照されたい。

6 魏景初五（三）年、公孫文懿誅後、卑弥呼始遣レ使朝貢、魏主（王）仮二金印紫綬一。正始中、卑弥呼死、更立二男王一国中不レ服、更相誅殺。復立二卑弥呼宗女台与一為レ王。其後復立二男王一、並受二中国爵命一。江左歴二晋・宋・斉・梁一、朝聘不レ絶。
魏の景初三年（二三九）、公孫文懿の誅せられて後、卑弥呼、始めて使いを遣わして朝貢し、魏王は金印紫綬を仮す。正始（二四〇～二四九）中に、卑弥呼死し、更に男王を立つるも、国中は服わず、更ゞ相誅殺す。復卑弥呼の宗女の台与を立てて王となす。その後復男王を立て、並中国の爵命を受く。江の左、晋・宋・斉・梁を歴て、朝聘絶えず。

〈公孫文懿〉公孫淵の別名。〈江左〉長江の北側。〈朝聘〉天子に拝謁して物を献上して御機嫌をうかがうこと。

＊冒頭は『梁書』6の文を引用し、末尾の「その後」以下は同書7を参考とする。

7 及二陳平一、至二開皇二十年一、倭王姓阿毎、字多利思比孤、号二阿輩鶏弥一、遣レ使詣レ闕。上令三所司訪二其風俗一。使者言、「倭王以レ天為レ兄、以レ日為レ弟、天(未)レ明時出聴レ政跏趺坐、日出便停二理務一、云委二我弟一。」文帝曰、「此大無二義理一。」於レ是訓令レ改之。

陳の平らぐに及んで、開皇二十年（六〇〇）に至り、倭王の姓は阿毎、字は多利思比孤、阿輩鶏弥と号し、使いを遣わして闕に詣る。上、所司をしてその風俗を訪わしむ。使者言う、「倭王は天を以て兄となし、日を以て弟となし、天未だ明けざる時出でて政を聴くに跏趺して坐し、日出ずれば便ち理務を停め、云う、我が弟に委ぬ」と。文帝いわく、「これ大いに義理なし」と。是に於いて訓えて改めしむ。

〈陳〉梁の禅をうけて、陳覇先が江蘇省で建てた国。五世で隋に滅ぼされる。

＊本条は『隋書』9の文と同じものである。わが国古代の祭政のあり方が見事に示されているので、同箇所の解説を必ず参照されたい。

8 王妻性(号)二鶏弥一、後宮有二女六七百人一。名二太子一為二利歌弥多弗利一。無二城郭一。内官有二十二等一、一曰大徳、次小徳、次大仁、次小仁、次大義、次小義、次大礼、次小礼、次大智、次小智、次大信、次小信、員無二定数一。有二軍尼一百二十人一、猶二中国牧宰一。八十戸置二一伊尼翼一、如二今里長一也。十伊尼翼属二一軍尼一。

王の妻は鶏弥と号し、後宮に女六、七百人あり。太子を名づけて利歌弥多弗利となす。城郭なし。内官には十二等あり、一にいわく大徳、次に小徳、次に大仁、次に小仁、次に大義、次に小義、次に大礼、次に小礼、次に大智、次に小智、次に大信、次に小信、員には定数なし。軍尼は一百二十人あり、猶お中国の牧宰のごとし。八十戸に一伊尼翼を置き、今の里長の如きものなり。十伊尼翼は一軍尼に属す。

*本条は『隋書』10・11の文と同じものである。ところが冠位十二階の順位は『日本書紀』と異なるので、同箇所の解説を読まれたい。

9其服飾、男子衣二裙襦一、其袖微小。履如二屨形一、漆二其上一、繋二之脚一。人庶多跣足。不レ得下用二金銀一為上レ飾。故時衣横幅、結束相連而無レ縫。頭亦無レ冠、但垂二髪於両耳上一。

その服飾、男子は裙襦を衣、その袖は微小なり。履は屨形の如く、その上に漆り、之を脚に繋ぐ。人庶は多く跣足なり。金銀を用いて飾りとなすことを得ず。故き時の衣は横幅、結束して相連ねて縫うことなし。頭にもまた冠なく、但髪を両耳の上に垂らす。

*本条は『隋書』12の文と同じである。同箇所を参照されたい。

10至レ隋、其王始制レ冠、以二錦綵一為之、以二金銀鏤花一為レ飾。婦人束二髪於後一、亦衣二裙襦一、裳皆有レ襈（襈）。攕レ竹聚以為レ梳、編レ草為レ薦。雑皮為レ表、縁以二文皮一。

隋に至り、その王は始めて冠を制し、錦綵を以て為り、金銀の鏤花を以て飾りとなす。婦人は髪を後に束ね、また裙襦を衣、裳には皆襈あり。竹を攕くして聚め以て梳となす。草を編みて薦となし、雑皮は表となし、縁は文皮を以てす。

＊本条は『隋書』13の文と同じである。同箇所を参照されたい。

11有二弓・矢・刀・矟・弩・穳・斧一、漆レ皮為レ甲、骨為二矢鏑一。雖レ有レ兵、無二征戦一。其王朝会、必陳二設儀仗一、（奏）二其国楽一。戸可二十万一。

弓・矢・刀・矟・弩、穳・斧あり、皮を漆りして甲となし、骨は矢鏑となす。兵ありと雖も、征戦なし。その王の朝会には、必ず儀仗を陳設し、その国楽を奏す。戸は十万可なり。

＊本条は『隋書』14の文と同じである。同箇所を参照されたい。

12俗、殺人・強盗及姦皆死。盗者計レ贓酬レ物、無レ財者没レ身為レ奴。自餘軽重、或流或杖。毎訊二冤獄一、不二承引一者、以レ木圧レ膝、或張二強弓一、以レ弦鋸二其項一。或置二小石於沸湯中一、令二所レ競者探一之、云理曲者即手爛。或置二蛇瓮中一、令レ取之、云曲者即螫レ手。

人頗恬静、罕二争訟一、少二盗賊一。

俗に、殺人・強盗及び姦するは皆死す。盗む者は贓を計りて物で酬い、財なき者は身を没して奴となす。自餘は軽重にて、或は流し或は杖つ。毎に冤獄を訊ね、承引せざる者は、木を以て膝を圧し、或は強弓を張り、弦を以てその項を鋸く。或は小石を沸湯の中に置き、競うところの者をして探らしめ、云う、理の曲れる者は即ち手爛ると。或は蛇を瓮の中に置きて取らしめ、云う、曲れる者は即ち手を螫さると。人は頗る恬静にして、争訟罕に、盗賊少なし。

〈冤獄〉無実の罪で獄にあること。

＊本条は『隋書』15の文と同じで、同箇所を参照されたいが、『隋書』の「獄訟を訊究し」を「冤獄を訊ね」と記す。

13 楽有二五弦・琴・笛一。男女皆黥レ臂、点レ面、文レ身、没レ水捕レ魚。無二文字一、唯刻レ木結レ縄。敬二仏法一、於二百済一求二得仏経一、始有二文字一。知二卜筮一、尤信二巫覡一。毎至二正月一日一、必射戯・飲酒、其餘節略与レ華同。好二棊博・握槊・摴蒲之戯一。

楽に五弦・琴・笛あり。男女は皆臂に黥し、面に点じ、身に文し、水に没して魚を捕う。文字なく、唯木を刻み縄を結ぶ。仏法を敬い、百済に於いて仏経を求得し、始めて文字あり。卜筮を知り、尤も巫覡を信ず。毎に正月一日に至れば、必ず射戯・飲酒し、その餘の節は略華と同じ。棊博・握槊・摴蒲の戯を好む。

＊本条は『隋書』16の文と同じ。本条の「撈捕」を『隋書』は「樗蒲」と記す。

14 気候温暖、草木冬青、土地膏腴、水多陸少。以二小環一掛二鸕鷀項一、令二入レ水捕一レ魚、日得二百餘頭一。俗無二盤俎一、藉以二檞葉一、食用レ手餔レ之。性質直、有二雅風一。

気候は温暖にして、草木は冬も青く、土地は膏腴にして、水多く陸少なし。小環を以て鸕鷀の項に掛け、水に入れて魚を捕えしめ、日に百餘頭を得。俗に盤俎なく、藉くに檞の葉を以てし、食するに手を用いて餔う。性質は直く、雅風あり。

＊本条は『隋書』17と同じ。

15 女多男少。婚嫁不レ取二同姓一、男女相悦者即為レ婚。婦入二夫家一、必先跨レ火、乃与レ夫相見。婦人不二淫妬一。

女多く男少なし。婚嫁には同姓を取らず、男女相悦ぶ者は即ち婚をなす。婦は夫の家に入るに、必ず先ず火を跨ぎ、乃ち夫と相見ゆ。婦人は淫妬ならず。

＊本条は『隋書』18と同じ。

16 死者斂以二棺・槨一、親賓就レ屍歌舞、妻子・兄弟以二白布一制レ服。貴人三年殯、庶人卜レ日而瘞。及レ葬、置二屍船上一、陸地牽レ之、或以二小輿一。

死者は斂むるに棺・槨を以てし、親賓は屍に就きて歌舞し、妻子・兄弟は白布を以て服（きもの）を制（つく）る。貴人は三年殯（もがり）し、庶人（しょじん）は日を卜（ぼく）して瘞（うず）む。葬（はふ）るに及んで、屍を船の上に置き、陸地に牽（ひ）き、或は小輿（こごし）を以てす。

＊本条は『隋書』19と同じ。殯のことは古代の習俗として重要なので、同箇所の解説を参照されたい。

17有二阿蘇山一、其石無レ故火起接レ天者、俗以為レ異、因行二祭禱一。有二如意宝珠一、其色青、大如二鶏卵一、夜則有レ光、云魚眼睛也。新羅・百済皆以レ倭為二大国一、多二珍物一、並仰レ之、恒通レ使往来。

阿蘇山あり、その石は故（ゆえ）なく火の起ち天に接するは、俗に以て異（い）となし、因（よ）りて祭（さい）禱（とう）を行う。如意宝珠（にょいほうしゅ）あり、その色は青く、大は鶏卵の如く、夜は則ち光あり、云う魚の眼睛（がんせい）なりと。新羅・百済は皆倭を以て大国となし、珍物多く、並（みな）仰ぎ、恒（つね）に使いを通じて往来す。

〈眼睛〉『隋書』20、二一〇ページ注参照。

＊本条は『隋書』20・21と同文である。

18大業三年、其王多利思比孤遣（レ使）朝貢。使者曰、「聞海西菩薩天子重興二仏法一、故遣二朝拝一、兼沙門数十人来学二仏法一。」国書曰、「日出処天子致二書日没処天子一、無レ恙」云云。帝覧不レ悦、謂二鴻臚卿一曰、「蛮夷書有二無礼一者、勿二復以聞一。」

大業三年（六〇七）、その王の多利思比孤、使いを遣わして朝貢す。使者いわく、「聞く、海西の菩薩天子、重ねて仏法を興すと。故に朝拝に遣わし、兼ねて沙門数十人、来たりて仏法を学ぶ」と。国書にいわく、「日出ずる処の天子、書を日没する処の天子に致す、恙なきや」云云。帝は覧て悦ばず、鴻臚卿に謂いていわく、「蛮夷の書、無礼あるものは、復以て聞かす勿れ」と。

＊本条は『隋書』22と同文である。

19 明年、上、遣㆓文林郎裴清㆒使㆓倭国㆒。度㆓百済㆒、行至㆓竹島㆒、南望㆓耽羅国㆒、経㆓都斯麻国㆒、迥在㆓大海中㆒。又東至㆓一支国㆒、又至㆓竹斯国㆒、又東至㆓秦王国㆒。其人同㆓於華夏㆒、以為㆓夷洲㆒、疑不㆑能㆑明也。又経㆓十餘国㆒、達㆓於海岸㆒。自㆓竹斯国㆒以東、皆附㆓庸於倭㆒。

明年（大業四年、六〇八）、上、文林郎の裴清を遣わして倭国に使いす。百済を度り、行きて竹島に至り、南に耽羅国を望み、都斯麻国を経て、迥か大海の中に在り。また東して一支国に至り、また竹斯国に至り、また東して秦王国に至る。その人は華夏に同じく、以て夷洲となし、疑うも明らかにすること能わざるなり。また十餘国を経て、海岸に達す。竹斯国より以東は、皆倭に附庸す。

＊本条は『隋書』23と同文である。

20倭王遣㆓小徳何輩台㆒、従㆓数百人㆒、設㆓儀仗㆒、鳴㆓鼓角㆒来迎。後十日、又遣㆓大礼哥多毗㆒、従㆓二百餘騎㆒郊労。既至㆓彼都㆒。其王与㆓世清㆒（以下、百二十一字誤脱）来貢㆓方物㆒。此後遂絶。

倭王は小徳の何輩台を遣わし、数百人を従えて、儀仗を設け、鼓角を鳴らして来たり迎う。後十日、また大礼の哥多毗を遣わし、二百餘騎を従えて郊労す。既にして彼の都に至る。その王は世清と……来たりて方物を貢がしむ。この後、遂に絶ゆ。

＊本条は『隋書』24～26を引用したものであるが、誤ってか、末尾のところが大きく欠けている。『隋書』25・26で補ってもらいたい。

南史

『南史』は本紀十巻、列伝七十巻、合わせて八十巻で、『北史』とともに唐の李延寿が撰したものである。その内容は南朝の宋・南斉・梁・陳の四王朝、百七十年間の歴史を記述したもので、記事は宋の武帝の永初元年（四二〇）に始まり、陳の禎明三年（五八九）に終わる。

その他については、前掲の『北史』の解題を参照されたい。

（巻一）武帝紀

1 永初二年二月己丑、倭国遣レ使朝貢。

永初二年（四二一）二月己丑、倭国は使いを遣わして朝貢す。

（巻二）文帝紀

2 （元嘉七年）是歳、倭・百済・阿羅単・林邑・呵羅他・師子等国、並遣レ使朝貢。

（元嘉十五年）是歳、武都・河南・高麗・倭・扶南・林邑等国、並遣レ使朝貢。

（元嘉二十年）是歳、河西・高麗・百済・倭国、並遣レ使朝貢。

（元嘉二十八年）秋七月甲辰、進二安東将軍倭王綏（倭）済一為二安東大将軍一。

大明四年十二月丁未、倭国遣レ使朝貢。

大明六年三月壬寅、以二倭世子興一為二安東将軍・倭国王一。

（元嘉七年、四三〇）是の歳、倭・百済・阿羅単・林邑・呵羅他・獅子等の国、並使いを遣わして朝貢す。

（元嘉十五年、四三八）是の歳、武都・河南・高麗・倭・扶南・林邑等の国、並使いを遣わして朝貢す。

（元嘉二十年、四四三）是の歳、河西・高麗・百済・倭国、並使いを遣わして朝貢す。

（元嘉二十八年、四五一）秋七月甲辰、安東将軍倭王の倭済を進めて安東大将軍となす。

大明四年（四六〇）十二月丁未、倭国、使いを遣わして朝貢す。

大明六年（四六二）三月壬寅（じんいん）、倭の世子の興を以て安東将軍・倭国王となす。

（巻三）順帝紀

3 昇明二年五月戊午、以二倭国王武一為二安東大将軍一。

昇明二年（四七八）五月戊午（ぼご）、倭国王の武を以て安東大将軍となす。

（巻六）武帝紀

4 天監元年夏四月戊辰、鎮東大将軍倭王武進二号征東大将軍一。

天監元年（五〇二）夏四月戊辰、鎮東大将軍の倭王武、号を征東大将軍に進む。

〈阿羅単〉南海の国。〈林邑〉漢の武帝に領有された日南郡象林県の地。後漢末の争乱で独立して林邑国を興す。〈呵羅他〉不明。〈獅子〉セイロン島。〈扶南〉現在のタイ国の東部にあった国。

＊『宋書』を引用したとみてよいが、永初二年のものは『宋書』帝紀になく、列伝のものを引用している。ところが元嘉七年のものは、『宋書』文帝紀にありながら落として載せていない。また昇明元年のものも、『宋書』順帝紀の記事を見落としている。

なお本条の元嘉二十八年にみる「安東将軍倭王綏済」は、『宋書』文帝紀によって「倭済」と訂正した。

（巻七九）列伝・東夷・倭国

5 倭国、其先所出及所在、事詳二北史一。其官有二伊支馬一、次曰二弥馬獲支一、次曰二奴往

（佳）鞮。人種禾稲・紵麻、蚕桑・織績。有薑・桂・橘・椒・蘇。出黒雉・真珠・青玉。有獣如牛名山鼠。又有大蛇呑比獣。蛇皮堅不可斫、其上有孔、乍開乍閉、時或有光、射中而蛇則死矣。

倭国は、その先の所出及び所在、事は『北史』に詳らかなり。その官には伊支馬あり、次は弥馬獲支といい、次は奴佳鞮という。人は禾稲・紵麻を種え、蚕桑・織績す。薑・桂・橘・椒・蘇あり。黒雉・真珠・青玉を出す。獣あり牛の如く山鼠と名づく。また大蛇ありこの獣を呑む。蛇の皮は堅く斫るべからず、その上に孔あり、開き乍ら閉じ乍ら、時に或は光あり、射中てて蛇すなわち死ぬ。

〈所出〉生まれ、出どころ。

＊冒頭の「倭国は、その先の所出及び所在」とは邪馬台国のことを指し、つづく三名の官名は邪馬台国の役人で、『三国志』8から引用したものである。そして「禾稲」から「織績」までは『三国志』13、『後漢書』3から、また「薑」から「青玉」までは『三国志』18から採用したもので、それぞれの箇所を参照されたい。興味深いのは後半の文である。これはさきの『梁書』2に同文がある。

6 物産略与儋耳・朱崖同。地気温暖、風俗不淫。男女皆露髹、富貴者以錦繡・雑采為帽、似中国胡公頭。食飲用籩豆。

物産は略儋耳・朱崖と同じ。地気は温暖にして、風俗は淫ならず。男女は皆露髹にし、富貴の者は錦繡・雑采を以て帽となし、中国の胡公頭に似る。食飲には籩豆を用う。

〈地気〉気候。

＊本条は『梁書』3とほぼ同文なので、同箇所を参照されたい。ただ「露髳」が『梁書』では「露紒」となっているが、「髳」は「紒」に通じるものである。

7其死有レ棺無レ槨、封土作レ冢。人性皆嗜レ酒。俗不レ知二正歳一。多二寿考一、或至二八九十一、或至二百歳一。其俗女多男少、貴者至二四五妻一、賤者猶レ至二両三妻一。婦人不二淫妬一、無二盗窃一、少二諍訟一。若犯レ法、軽者没二其妻子一、重則滅二其宗族一。

その死には棺ありて槨なく、封土して冢を作る。人の性は皆酒を嗜む。俗は正歳を知らず。寿考多く、或は八、九十に至り、或は百歳に至る。その俗は女多く男少なく、貴者は四、五妻に至り、賤者も猶両、三妻に至るがごとし。婦人は淫妬せず、盗窃なく、諍訟少なし。もし法を犯せば、軽き者はその妻子を没し、重きは則ちその宗族を滅す。

＊本条は『梁書』4と同文である。同箇所を参照されたい。

8晋安帝時、有二倭王讃一遣レ使朝貢。及二宋武帝永初二年一、詔曰、「倭讃遠誠宜レ甄、可レ賜二除授一。」文帝元嘉二年、讃又遣二司馬曹達一奉レ表献二方物一。讃死、弟珍立。遣レ使貢献、自称二使持節・都督倭・百済・新羅・任那・秦韓・慕韓六国諸軍事・安東大将軍・倭国王一、表求二除正一。詔除二安東将軍・倭国王一。珍又求三除二正倭洧等十三人平西・征虜・冠軍・輔国将軍等号一。詔並聴之。

晋の安帝の時、倭王の讃あり使いを遣わして朝貢す。宋の武帝の永初二年（四二一）に及び、詔していわく、「倭の讃、遠く誠に宜しく甄すべく、除授を賜うべし」と。文帝の元嘉二年（四二五）、讃また司馬曹達を遣わし、表を奉りて方物を献ず。讃死し、弟の珍立つ。使いを遣わして貢献し、自ら使持節・都督倭・百済・新羅・任那・秦韓・慕韓六国諸軍事・安東大将軍・倭国王と称し、表にて除正を求む。詔して安東将軍・倭国王に除す。珍また倭洧等十三人を平西・征虜・冠軍・輔国将軍等の号に除正せられんことを求む。詔して並聴す。

＊冒頭の「晋の安帝の時」は『梁書』7から、「宋の武帝の永初二年」は『宋書』4から、「文帝の元嘉二年」も同じく『宋書』4から、「珍立つ」は元嘉十五年のもので、『宋書』1及び5から、それぞれ引用したものである。

なお本条に見える「倭洧」は、『宋書』5で「倭隋」と表記している。しかしいずれが正しいかは不明である。そして「倭洧等十三人」の将軍名については、『宋書』5に実例を示しているので参照されたい。

9 二十年、倭国王済遣レ使奉献。復以為二安東将軍・倭国王一。二十八年、加二使持節・都督倭・新羅・任那・加羅・秦韓・慕韓六国諸軍事一、安東将軍如レ故、幷除二所レ上二十三人職一。

(元嘉)二十年(四四三)、倭国王の済、使いを遣わして奉献す。復以て安東将軍・倭国王となす。(元嘉)二十八年(四五一)、使持節・都督倭・新羅・任那・加羅・秦韓・慕韓六国諸軍事を加え、安東将軍は故の如く、幷に上る所の二十三人の職に除す。

*本条は『宋書』6を引用したもので、同箇所を参照されたい。

10 済死、世子興遣レ使貢献。孝武大明六年、詔授二興安東将軍・倭国王一。興死、弟武立。自称二使持節・都督倭・百済・新羅・任那・加羅・秦韓・慕韓六国諸軍事・安東大将軍・倭国王一。

済死し、世子の興、使いを遣わして貢献す。孝武の大明六年(四六二)、詔して興に安東将軍・倭国王を授く。興死し、弟の武立つ。自ら使持節・都督倭・百済・新羅・任那・加羅・秦韓・慕韓六国諸軍事・安東大将軍・倭国王と称す。

*本条は『宋書』7・8を参考に引用したものである。

11 順帝昇明二年、遣レ使上レ表言、「自レ昔祖禰、躬擐二甲冑一、跋二渉山川一、不レ遑二寧処一。東征二毛人一五十五国、西服二衆夷一六十六国、陵(渡)平二海北一九十五国。王道融泰、廓レ土遐レ畿、累葉朝宗、不レ愆二于歳一。道逕二百済一、装二飾船舫一。而句麗無道、図欲二見呑一。臣亡考済、方欲二大挙一、奄喪二父兄一、使三垂成之功不二レ獲一簣一。今欲三練レ兵申二父兄之志一。窃自仮二開府儀同三司一、其餘咸各仮授、以勧二忠節一。」詔除二武使持節・都督倭・新羅・任那・加羅・秦韓・慕韓六国諸軍事・安東大将軍・倭王一。斉建元中、除二武（使）持節・都督倭・新羅・任那・加羅・秦韓・慕韓六国諸軍事・鎮東大将軍一。梁武帝即位、進二武号征東大将軍一。

順帝の昇明二年（四七八）、使いを遣わして表を上りて言う、「昔より祖禰、躬ら甲冑を擐けて、山川を跋渉し、寧処に遑あらず。東は毛人を征すること五十五国、西は衆夷を服すること六十六国、渡りて海北を平らぐること九十五国なり。王道は融泰し、土を廓げ畿を遐かにし、累葉朝宗して、歳を愆えず。道は百済を逕ぎ、船舫を装飾す。而るに句麗は無道にして、図りて見呑を欲す。臣、亡考の済、方に大挙せんと欲するも、奄かに父兄を喪い、垂成の功をして一簣を獲ざらしむ。今、兵を練り父兄の志を中べんと欲す。窃かに自ら開府儀同三司を仮し、その餘は咸各こ仮授し、以て忠節を勧まん」と。詔して武を使持節・都督倭・新羅・任那・加羅・秦韓・慕韓六国諸軍事・安東大将軍・倭王に除す。斉の建元（四七九～四八二）中、武を使持節・都督倭・新羅・任那・加羅・秦韓・慕韓六国諸軍事・鎮東大将軍に除す。梁の武帝即位し、武の号を征東大将軍に進む。

＊前半の部分は武（雄略）が上表した全文を載せる『宋書』9を省略したものである。

そして末尾の斉と梁のときの進除の記事は、『梁書』7から引用したものである。

12 其南有㆓侏儒国㆒、人長四尺。又南有㆓黒歯国・裸国㆒、去㆑倭四千餘里、船行可㆓一年㆒至。又西南万里有㆓海人㆒、身黒眼白、裸而醜。其肉美、行者或射而食之。

その南に侏儒(しゅじゅ)国あり、人の長(たけ)四尺なり。また南に黒歯(こくし)国・裸(ら)国あり、倭を去ること四千餘里、船行して一年可(ばかり)にて至る。また西南へ万里にして海人あり、身は黒く眼は白く、裸にて醜(みにく)し。その肉は美(うま)く、行く者は或(あるい)は射て食(くら)う。

＊この記事はもと『三国志』27、『後漢書』12に見えるものであるが、末尾の人肉を食うのは『梁書』8にあるもので、本条はその文をそのまま引用したものとみてよかろう。

旧唐書

『旧唐書』はもと『唐書』と称されていたが、後に北宋の欧陽脩・宋祁による『新唐書』が上梓されて、『旧唐書』と名づけられるようになった。

編修は後晋の初代高祖の天福六年（九四一）から始められ、開運二年（九四五）までの僅か四年餘で完了した官撰書である。唐代からあまり離れていなかったので史料が多く、特に唐代前期に詳しく、本紀二十巻、志三十巻・列伝百五十巻で、合わせて二百巻から成り、後晋の宰相となった劉昫（八八七～九四六）の撰修とされている。

この『旧唐書』に、倭国の称を悪んで「日本」に改めたことが記されている。そのため以降の史書からは国号としての倭国は消えるが、その「日本」をわが国ではなお「やまと」と訓んだ。そして従来の「倭・倭国」は奈良県の地域に限定され、例えば「倭国添下郡」のごとく用いられるようになった。

1 倭国者、古倭奴国也。去二京師一一万四千里、在二新羅東南大海中一。依二山島一而居、東西五月行、南北三月行。世与二中国一通。

（巻一九九）列伝・東夷・倭国・日本国

倭国は、古の倭の奴国なり。京師を去ること一万四千里、新羅の東南の大海の中に在り。山島に依りて居み、東西五月行、南北三月行なり。世〻中国と通ず。

〈京師〉天子の都。〈山島〉『後漢書』1、四九ページ注参照。

＊冒頭の「倭国は、古の倭の奴国なり」とは、『旧唐書』で初めて見られる正しい表現である。

『漢書』の解説や『後漢書』8・9で明らかなように、後漢の初代光武帝の建武中元二年（五七）に、北部九州の奴国の入貢したのが最初であった。しかも奴国の王を「倭国王」と称したことでわかるように、中国では大和にある邪馬台国の存在など知っていなかったのである。

ここの「一万四千里」は唐朝の王都である長安（現・西安市）からの距離で、これまでの「一万二千里」は帯方郡からのものである。また「新羅の東南の大海の中」の「新羅」と記したのは『隋書』による。さらに「東西五月行、南北三月行」も『隋書』3からである。

2 其国、居無二城郭一、以レ木為レ柵、以レ草為レ屋。四面小島五十餘国、皆附属焉。其王姓

阿毎氏、置㆓一大率㆒、検㆓察諸国㆒、皆畏附之。設㆑官有㆓十二等㆒。其訴訟者、匍匐而前。

その国は、居むに城郭なく、木を以て柵を為り、草を以て屋を為る。四面の小島の五十餘国は、皆附属す。その王の姓は阿毎氏、一の大率を置き、諸国を検察し、皆畏附す。官を設けて十二等あり。その訴訟は、匍匐して前む。

〈阿毎氏〉『隋書』9、一九四ページ解説参照。〈大率〉『三国志』23、一二一ページ注参照。〈検察〉同前。〈畏附〉おそれてつき従う。〈訴訟〉うったえ。是非を法廷で争うこと。〈匍匐〉力をつくして急ぐさま。

*この箇所の記事は寄せ集めによる。まず「王の姓は阿毎氏」は、天皇の尊称の「阿毎多利思比孤」（天足彦）を中国式に姓と字に分けてみたもので、『隋書』9の解説を参照されたい。また「大率」から「畏附」までは『三国志』23を、「官を設けて十二等あり」は『隋書』11を参照されたい。

3 地多㆑女少㆑男。頗有㆓文字㆒、俗敬㆓仏法㆒。並皆跣足、以㆓幅布㆒蔽㆓其前後㆒。貴人戴㆓錦帽㆒、百姓皆椎髻無㆓冠帯㆒。婦人衣純色裙、長腰襦。束㆓髪於後㆒、佩㆓銀花㆒、長八寸、左右各数枝、以明㆓貴賤等級㆒。衣服之制、頗類㆓新羅㆒。

地に女多く男少なし。頗る文字あり、俗に仏法を敬う。並に皆跣足、幅布を以てその前後を蔽う。貴人は錦帽を戴き、百姓は皆椎髻にして冠帯なし。婦人の衣は純色の裙、長い腰襦。髪は後ろに束ね、銀花を佩び、長さ八寸、左右に各〻数枝、以て貴賤の等級を明らかにす。衣服の制は、頗る新羅に類る。

〈頗〉かなり。〈仏法〉『隋書』22、二一二ページ注参照。〈跣足〉『隋書』12、一九九ページ注参照。〈幅布〉幅の広い布。〈錦帽〉にしきのかぶりもの。〈百姓〉多くの民。人民。〈椎髻〉髪型の一種。髪を後ろに垂れて髻としてたばねる髪型。〈冠帯〉冠と帯。冠を著け帯を結ぶ。〈裙〉婦人の腰から下につける衣。〈腰襦〉はだぎ。じゅばん。〈銀花〉色の白い忍冬花。〈佩〉帯か腰につける。〈貴賤〉身分の高い人と低い人。

＊「女多く男少なし」は『三国志』『後漢書』以降の史書によく見る誤解である。そして「幅布」は『三国志』をはじめとして記す「横幅」、すなわち「腰巻き」のことではないかと思う。また「裙」「腰襦」は『隋書』13、同じく「髪を後ろに束ねる」も『隋書』13から引くが、「銀花を佩びる」は新しい習俗を示したものである。

4 貞観五年、遣レ使献二方物一。太宗矜二其道遠一、勅二所司一無レ令二歳貢一。又遣二新州刺史高表仁持レ節往撫之。表仁無二綏遠之才一、与二王子一争レ礼、不レ宣二朝命一而還。至二二十二年一、又附二新羅一奉レ表、以通二起居一。

貞観五年（六三一）、使いを遣わして方物を献ず。太宗はその道の遠きを矜み、所司に勅げ歳貢を令じることとなし。また新州刺史の高表仁に節を持ちて遣わし往きて撫んじる。表仁は綏遠の才なく、王子と礼を争い、朝命を宣べずして還る。二十二年（六四八）に至り、また新羅に附けて表を奉り、以て起居を通える。

〈方物〉『晋書』1、一四三ページ注参照。〈太宗〉唐の第二代皇帝。〈所司〉『隋書』9、一九二ページ注参照。〈勅〉つげる。みことのり。〈歳貢〉毎年の貢ぎ物。〈節〉天子から賜わった節。節とは羽や旄牛の尾などを編んで作った大将・使者などに賜わる符信。〈綏遠〉遠い地方を鎮めやすんじる。〈朝命〉君主の命令。〈表〉『宋書』4、一五九ページ注参照。〈起居〉くらし。安否。

＊唐の貞観五年は舒明天皇の三年にあたる。『日本書紀』舒明天皇二年秋八月五日の条に、「大仁の犬上君の三田耜、大仁の薬師の恵日を以て大唐に遣わす」とみえる。彼らが翌年の貞観五年に入朝したのであろう。

ところが「又」以降の高表仁について『日本書紀』舒明天皇四年の条に左のような記事がみえる。

四年（貞観六年）の秋八月に、大唐、高表仁を遣わして、三田耜を送らしむ。冬十月の辛亥の朔甲寅に、唐国の使人の高表仁等、難波津に到る。即ち大伴連の馬養を遣わして、江口に迎えしむ。船三十二艘及び鼓・吹・旗幟、皆具に整餝えり。便ち高表仁等に告げていわく、「天子の命のたまえる使い、天皇の朝に到れりと聞きて迎えしむ」と。時に高表仁、対えていわく、「風寒じき日に、船艘を餝整いて迎え賜うこと、歓び愧る」と。是に於いて、難波吉士の小槻・大河内直の矢伏に令して、導者として館の前に到らしむ。乃ち伊岐史の乙等・難波吉士の八牛を遣わして、客等を引いて館に入らしむ。即日に、神酒を給う。

五年（貞観七年）の春正月の己卯の朔甲辰（二十六日）に、大唐の客高表仁等、国に帰る。送り使い吉士雄摩呂・黒麻呂等、対馬に到りて還る。

右の記事がさきに述べた「又」以降のことを示すのであろうか。そして末尾に貞観二十二年（六四八）の記事がみえるが、それは孝徳朝の大化四年にあたる。しかし『日本書紀』にはそれについての記録はない。

5 日本国者、倭国之別種也。以㆔其国在㆓日辺㆒、故以㆓日本㆒為㆑名。或曰、倭国自悪㆓其名不㆑雅、改為㆓日本㆒。或云、日本旧小国、併㆓倭国之地㆒。其人入朝者、多自矜大、不㆓以㆑実対㆒、故中国疑焉。又云、其国界東西・南北各数千里、西界・南界咸至㆓大海㆒、東界・北界有㆓大山㆒為㆑限、山外即毛人之国。

日本国は倭国の別種なり。その国は日の辺に在るを以て、故に日本を以て名となす。或はいわく、倭国は自らその名の雅しからざるを悪み、改めて日本となすと。或は云う、日本は旧小国、倭国の地を併すと。その人の入朝は、多く自ら矜大にして、実を以て対せず、故に中国は疑う。また云う、その国の界は東西・南北各〻数千里、西界・南界は咸大海に至り、東界・北界は大山ありて限りをなし、山の外は即ち毛人の国なりと。

〈雅〉ただしい。みやび。〈入朝〉外国の使臣が来たって天子に拝謁すること。〈矜大〉ほこりたかぶる。尊大。〈界〉境域。〈毛人〉蝦夷のこと。

＊ここでは「日本」という国名の起こりについて記している。「序説　倭人について」で述べたように、「倭・倭人・倭国」という称が卑称であることを知りながら長く用い、そのためか国号の「邪馬台国」から、その漢字を「やまと」と訓んできた。その卑屈さに気づいたのであろう。しかし「日本」と改めても、その語を慣習からか「やまと」と訓みつづけてきた。

　その「日本」という表記を『日本書紀』でみると、編修時に遡って書き改めたと思われる点も多く、その起源については明らかにし難い。参考までに紹介すると、初見は推古朝十三年（六〇五）四月朔の「高麗国の大興王、日本国の天皇、仏像を造りますと聞きて、黄金三百両を貢上る」と記すものである。しかし確かと思われるのは天智朝以降であろう。

　なお入朝する日本人が尊大であるという批評は、初めての記事で注意をひく。

6長安三年、其大臣、朝臣真人、来貢㆓方物㆒。朝臣真人者、猶㆓中国戸部尚書㆒、冠進㆓徳冠、其頂為花、分而四散、身服紫袍、以帛為腰帯。真人好読経史、解属文、容止温雅。則天宴之、於麟徳殿授司膳卿、放還本国。

長安三年（七〇三）、その大臣の、朝臣真人、来たりて方物を貢す。朝臣真人は、猶中国の戸部尚書のごとく、冠は徳冠に進み、その頂は花をなし、分かれて四散し、身の服は紫袍、帛を以て腰帯となす。真人は経史を読むを好み、文を属るを解し、容止は温雅なり。則天は宴して、麟徳殿に於いて司膳卿を授け、本国に還るを放める。

〈朝臣真人〉粟田朝臣真人。孝徳朝に遣唐執節使として入朝する。〈方物〉『晋書』1、一四三ページ注参照。〈戸部尚書〉民部の官名。国家の財政を掌る。〈徳冠〉最も勝れた徳に与えられる冠。〈紫袍〉紫色の上衣。〈経史〉経書と歴史書。〈属文〉文章をつづる。〈解〉心得ている。できる。〈容止〉身のこなし。ふるまい。〈温雅〉おだやかで奥ゆかしい。〈則天〉則天武后。高宗の后、後に帝位に即く。〈麟徳殿〉宮殿の名前。〈司膳卿〉官名。食物・膳部を掌る。

＊長安三年は文武天皇の大宝三年にあたる。また朝臣真人とは粟田朝臣真人のことであるが、大臣ではない。
『続日本紀』の大宝元年正月二十三日の条に、「守民部尚書直大弐・粟田朝臣真人を以て遣唐執節使となす」とみえ、同行の七人が任命されている。そしてつづく同年五月七

日に、「入唐使粟田朝臣真人に節刀を授く」とあり、節刀とは天皇から遣唐使への印として賜わる刀で、彼らは唐へ向けて出発した。

ところが大宝二年六月二十九日の条に、「遣唐使等は去年、筑紫よりして海に入る。風浪暴険にして渡海することを得ず。是に至りてすなわち発す」とある。その年の末に洛陽に到着し、翌長安三年の初頭に朝貢したのであろう。

時に則天武后が自ら皇帝と称して政権を独占していたが、本文をみると武后から司膳卿に任命され、帰国を断念したと記されている。しかし『続日本紀』には翌年の慶雲元年（七〇四）七月一日の条に、「粟田朝臣真人、唐国より至る」とみえ、さらに同二年八月十一日の条には、「遣唐使粟田朝臣真人に従三位を授く。その使いの下の人等に位を進め物を賜うこと各〻差あり」とあるので、彼らが帰国したことは確かである。

ところが、『続日本紀』慶雲元年七月につづく文に、左の注目すべき記事が載せてある。

> 初めて唐に至る時、人ありて来たり問いていわく、「何れの処の使人ぞ」と。答えていわく、「日本国の使い」と。……唐人、我が使いに謂いていわく、「承り聞く、海東に大倭国あり。之を君子の国と謂う。人民豊楽にして礼義敦く行わる。今使人を看るに容大だ浄し。豈信ならずや」と。語り畢って去る。

とあって、「日本国」と「大倭国」との対照に注目されたい。

7開元初、又遣レ使来朝、因レ請二儒士一授レ経。詔下四門助教趙玄默就二鴻臚寺一教上之、乃遣二玄默一闊二幅布一以為二束修之礼一、題云、「白亀元年調布」。人亦疑二其偽一。此題所レ得錫賚、尽市二文籍一、泛レ海而還。

開元（七一三～七四一）の初め、また使いを遣わして来朝し、儒士を請うにより経を授く。四門の助教の趙玄默に鴻臚寺に就きて教えることを詔し、乃ち玄默を遣わし幅布を闊げ以て束修の礼をなし、題して云う、「白亀元年調布」と。人またその偽りを疑う。この題得る所の錫賚は、尽く文籍に市え、海に泛びて還る。

〈儒士〉儒者。〈経〉聖人の述作した書。〈四門〉学校の名。〈鴻臚寺〉朝貢来聘の事を掌る官名。〈束修之礼〉乾肉を用いて師弟となる儀礼。〈白亀元年調布〉目出度い言葉として用いる。〈人〉ある人。〈錫賚〉たまもの。〈市〉あきなう、とりひきする。〈文籍〉文書書籍。

*この時の遣唐使の姓名は記されていない。誰なのであろうか。『続日本紀』によって考証してみると、唐の開元五年（七一七）にあたる元正朝の養老元年二月朔の条に、「遣唐使・神祇を蓋山の南に祠る」、同二月二十三日に「遣唐使等、朝を拝す」とみえて、出発したのであろうが名前は記されていない。ところが同二年十月二十日の条に、「大宰府言す、遣唐使・従四位下・多治比真人県守、来朝す」とあって、彼はわずか八ヵ月で帰国している。

天武十三年（六八四）の「八色の姓」の改正では、「真人」は最高の姓で皇族に与えられる。時の大宰府帥（長官）も同族の従三位・多治比真人池守であった。

彼はまるで蜻蛉返りしたわけで、儒者になりたいとは口実で、中国の書籍をたくさん購入して帰ることが目的であったのであろう。

8 其偏使朝臣仲満、慕㆓中国之風㆒、因留不㆑去、改㆓姓名㆒為㆓朝衡㆒、仕㆓歴左補闕・儀王友㆒。衡留㆓京師㆒五十年、好㆓書籍㆒、放㆓帰郷㆒、逗留不㆑去。天宝十二年、又遣㆑使貢。上元中、擢㆑衡為㆓左散騎常侍・鎮南都護㆒。

その偏使の朝臣仲満、中国の風を慕い、因りて留まりて去らず、姓名を改め朝衡となし、仕えて左補闕・儀王友を歴す。衡は京師に留まること五十年、書籍を好み、帰郷を放め、逗留して去らず。天宝十二年（七五三）、また使いを遣わして貢す。上元（七六〇～七六一）中、衡を擢げて左散騎常侍・鎮南都護となす。

〈偏使〉ともがら。〈朝臣仲満〉阿倍仲麻呂という。解説参照。〈風〉ならわし。慣習。〈左補闕〉唐の官名。〈儀王友〉官名。〈逗留〉ある期間とどまること。滞在。〈左散騎常侍〉散騎省の長官。左・右あり。〈鎮南〉関の名。広東省羅定県の西。安南の地ともいう。〈都護〉官名。按察使の唐名。

*冒頭に「その偏使」とあるのは、阿倍仲満（仲麻呂）がさきの7の遣唐使、多治比真

人県守と共に入唐したことからである。彼は唐の玄宗に仕え、本文の官名のほか衛尉少卿・秘書監兼衛尉卿（従三品）を歴任した。

つぎに天宝十二年（七五三）に「また使いを遣わして貢す」とみえ、それは孝謙朝の天平勝宝五年にあたるが、前年の四年閏三月に、遣唐大使の藤原朝臣清河の一行が出発したものである。

その帰朝の船に仲満は乗ったが、遭難して安南に漂着し、唐に戻るとまた朝廷に仕え、本文のごとく左散騎常侍・鎮南都護に任じられた。

その唐の地で、光仁朝の宝亀元年（七七〇）五月二十六日、七十三歳で没した。『続日本紀』によると、「前学生、阿倍朝臣仲麻呂、唐に在りて亡す。家口偏に乏しくして、葬礼闕けることあり、勅して東絁一百疋・白綿三百屯を賜う」とある。後の承和三年（八三六）に正二位を贈られる。

9貞元二十年、遣レ使来二朝留学生橘免（逸）勢・学問僧空海一。元和元年、日本国使、判官高階真人上言、「前件学生、藝業稍成、願レ帰二本国一。便請二与レ臣同帰一。」従之。開成四年、又遣レ使朝貢。

貞元二十年（八〇四）、使いを遣わし留学生橘逸勢・学問僧空海、来朝す。元和元年（八〇六）、日本国使、判官の高階真人、上言す、「前件の学生は、藝業稍成り、本国に帰ることを願う。便ち臣と同じく帰ることを請う」と。従う。開成四年（八三九)、また使いを遣わし朝貢す。

〈判官〉「じょう」とも訓む。大宝令の四等官のうち第三等の官。〈上言〉上に申し上げる。言上する。

＊貞元二十年（八〇四）は、平安朝初頭の桓武朝末の延暦二十三年にあたる。その年に橘逸勢と空海が入唐したとあるが、『日本後紀』の欠本の箇所で明らかにすることができない。

また元和元年（八〇六）は平城朝の大同元年で、高階真人が唐朝に前件の学生の帰国を願い出て許されているが、これも同じく欠本のため、高階真人の一族の誰であったかなど詳細は不明である。しかし「日本国使」という表現は注目してよかろう。

橘逸勢は帰国後、病いのため官途につかなかったが、承和七年（八四〇）に但馬権守となる。ところが淳和天皇の崩後、皇太子の擁立に加担して謀反の罪で捕えられ、伊豆国に流される途中で死んだ。彼が有名になったのは書道に秀で、嵯峨天皇・空海とともに三筆と称されたことによる。

空海の入唐については欠史で明らかでないが、長安（西安市）郊外の青竜寺で恵果に師事した。現在は一堂しかなく、恵果と空海の二像しか安置されていないが、そのころは丘全体に数多の堂宇が建っていたのであろう。大同元年（八〇六）に帰朝し、天長元年（八二四）に少僧都、同七年に大僧都となり、真言宗の開祖となったが、承和二年

（八三五）三月二十一日、高野山の金剛峰寺で六十二歳で死去する。

なお末尾の開成四年（八三九）、すなわち仁明朝の承和六年に朝貢があったと記す。『続日本後紀』によると、前年の承和五年四月二十八日の条に、遣唐大使・藤原朝臣常嗣、副使・小野朝臣篁の名がみえる。先立つ四月五日の条に、「遣唐使の進発の日より、帰朝の日に至り、五畿内七道諸国をして海竜王経を読ましむ」とある。遣唐船は造船の上での不備もあって、遭難事故が多かった。

解説

鳥越　皓之

1

倭人や倭国について、実証的に論じようとする場合、ふたつの方法が使われている。ひとつは残されている文献という文字資料に拠る方法。もうひとつは考古学や文化人類学による物質・伝承資料に拠るものである。後者は広く非文字資料と言ってよいかもしれない。

本書は倭人や倭国が記述されているすべての中国正史の当該箇所を翻訳し、それに解釈を加えたものである。

中国正史の種々の文献をこの一書にまとめていること自体、読者にとってとても便利なことである。しかしながら、さらに貴重なことは詳細な訳注と解釈であろう。訳注を加え解釈をするためには、既存の文字資料に依存して述べるだけではあきらかに限界がある。もちろん、相互の文献を比較検討することは不可欠である。だが、この中国正史の多くは、前の時代に記述された文献に大きく依拠しながら新しく書き直すという方法をとっているために、文献相互の比較によってあきらかにできることが限られている。

日本の文字資料である『古事記』や『日本書紀』も貴重である。けれども、それらのすべてが史的事実かどうかについて、常に疑義が投げかけられてきた。それと同じように『漢書』などいわゆる中国正史が事実通りかというと、これも信頼性に限度のあることが研究者によって指摘されていることに注意をしておく必要がある。

たとえば東洋史家の岡田英弘は『三国志』についてつぎのように指摘している。「過大な里数や戸数は、二三九年に倭の女王卑弥呼に〝親魏倭王〟の称号を贈ったときの、いわば建て前である。これは司馬懿の面子を立てるためにおこなわれたことであった。司馬懿の孫であり晋の武帝の修史官である陳寿としては、いかにそれが事実でないと知ってはいても、正史である『三国志』に本音を書くわけにはいかなかった」（岡田、『倭国』中公新書、一九七七、八八頁）。

文献資料には事実が含まれている一方で、このような虚偽が入っていることに注意をする必要がある。本書で鳥越がしばしば注釈として「これは粉飾である」、「虚構である」とか「伝承の影響をうけて作為的につくったものである」というような文言を挟んでいるのはそのためである。注釈には真偽を見極める知能が問われているのである。

また、文献に出てくる倭人や倭国についての記述は、短くて限られている。そのため、訳注・解釈をするにあたって、物質・伝承資料が大きな助けとなる。

本書の著者、鳥越憲三郎は古代史家として文献操作に慣れているだけではなく、物質・伝承資料の分析や収集においても豊かな経験をもっている。その理由を理解するためには、彼自身の研究者としての経歴を紹介しておく必要があるだろう。

鳥越はミッションスクールである関西学院大学法文学部を昭和一三（1938）年に卒業している。彼の師はS・M・ヒルバーン教授である。このヒルバーン教授は宣教師でもあったが、シカゴ大学でPh.D.を取得した宗教学の研究者でもあった。当時、日本の宗教学は、社会学や心理学もそうであったように、哲学科のなかに置かれた哲学的な宗教学であった。日本の宗教学が哲学を離れ、現場に出向いて実証研究をはじめるのは、柳田国男(やなぎたくにお)の影響を受けた堀一郎(ほりいちろう)を嚆矢(こうし)とする。柳田との共著『十三塚考』（一九四八）あたりが代表的な初期の作品と言えよう。

ところが鳥越はすでに実証的宗教学・宗教史の研究を深めていたシカゴ大学仕込みの教育を受けて、昭和一三年以降、同大学の助手として沖縄の民間信仰の研究をつづけた。とくに昭和一七（1942）年から現地の沖縄県学務部社寺兵事課に嘱託として勤務し、首里(しゅり)城南殿(なんでん)に研究室と家族の居住の場を与えられた。そして実証的な宗教学・宗教史の最初の著作、『琉球古代社会の研究』を昭和一九（1944）年に出版している。

つまり、現場を歩き、現場で伝承を聞き取りつつ、御嶽(うたき)という森林の聖域やさまざまな遺跡の探訪を行った。昭和一七年には久高(くだか)島の秘儀とも言われるイザイホウの行事を研究者としては最初に観察した。沖縄県庁の宗教担当者ということで、特別に調査が許可されたためである。鳥越が調査した琉球(りゅうきゅう)国では、邪馬台国と同様の姉（妹）と弟（兄）による祭政二重主権が行われていた。姉（妹）の大君（王）は聞得大君(きこえおおきみ)とよばれ、祭事を担当し、弟（兄）は政事権と軍事権を保持していたのである。

一方、鳥越は戦後になって、沖縄の歌謡集『おもろさうし』の全釈に十数年をかけて取り組み、それは昭和四三（１９６８）年に五巻本として出版された。解説者の私、皓之は鳥越の息子であるが、朝から夜遅くまで毎日机に向かい、この『おもろさうし』の翻訳に取り組んでいた後姿を、一度も遊んでもらえなかった不満とともに記憶している。難解な『おもろさうし』の全釈は画期的なものだったので、沖縄の新聞で大きく取り上げられた（この経緯は山口栄鉄『琉球おもろ学者 鳥越憲三郎』琉球新報社、二〇〇七、に詳しい）。

鳥越が沖縄をフィールドとしたことと、難解であった琉球国の中心的な文献を全釈したことが、ともに本書の下敷きとなっている。沖縄のフィールドは日本の古代を想起させるものであった。民俗学者の柳田国男や折口信夫（おりくちしのぶ）が沖縄に強い関心をもったのもそのためであった。したがって、鳥越の最初の著書の『琉球古代社会の研究』の古代とは時代としての沖縄の古代ではなくて、古代を〝想起させる〟という意味での古代であった。この当時はこのような使い方が流行（はや）ったようである（たとえば、早川孝太郎『古代村落の研究―黒嶋』一九四一など）。

歴史家が考える〝時代としての〟古代ではなくて、民俗学者などが考えるこの〝想起させる〟古代ということは、本書の解釈にとって貴重である。想起とはそこからヒントを得ることを意味するからである。そのため、鳥越は倭人や倭国を考えるにあたっても、ヒントを得るために現地である中国を歩きまわる必要を痛感したのである。

現地を歩くといえば、鳥越の最初の日本の古代史についての著作『出雲神話の成立』（創元社、一九六六、のち『出雲神話の誕生』二〇〇六と改名されて講談社学術文庫に収録）も、たんなる文献の渉猟にとどまることなく、島根県の現地を詳しく歩いていることがこの書の特色となっている。

鳥越は60歳代の中頃から70歳代にかけての十数年間、韓国や中国、東南アジアの雲南の南にあたる辺境を踏査することになる。そしてそれらの地の少数民族のなかで、実際に鳥居や高床式住居、まだ貫頭衣を着ている人たちに出くわす。またラワ族の人たちが熱湯を入れた甕に手を入れて神判を求めるいわゆる探湯という習俗をもっているのも発見するのである。

一九八〇年二月におこなわれたタイ国の山地に住む少数民族アカ族の調査は、テレビのドキュメンタリーの収録のためであったので、十人弱というやや規模の大きな人数での調査とドキュメンタリーの記録となった（同年、四月二九日放映「生きていた倭人」、毎日放送）。この調査には私も参加したので、調査の内容を記憶している。一同が驚いたのは、タイの人たちが山地民族と呼んでいるアカ族の集落にたどり着いたとき、日本人ならば誰でも鳥居とイメージする鳥居の形をした木製の入り口があり、驚いたことに、その鳥居に複数の木製の鳥がとりつけられていたことである。文字通り、本物の〝鳥居〟だったのである。さらに注連縄がかけられていた。鳥越は別の本でつぎのように言っている。「アカ族でみますと、（日本の）神社の鳥居とまったく同じ形式で、播種直前に村の入り口と出口に木の門を建てます。その笠木の上には、数個の木彫りの鳥の形象物が置かれていますが、農耕の開始とともに天の神を村の出入口に迎え、豊穣と幸福を守ってもらおうとしたものです。それと寸法まで同じ鳥の形象物が、大阪府和泉市の池上遺跡の周濠から発見されました」（『古代史への道』ブレーンセンター、一九九一、一七二頁）。

このアカ族の高床式の家屋の写真は本書の一三頁に掲載されている。日本においては、高床式は神社の本殿にその姿をとどめているだけである。本書でも説明があるように（一三頁）、高床式になると履物をぬいで部屋に入る習俗ができあがる。

2

本書の解釈と注釈を貫いている基本的な考えはどのようなものであろうか。それは鳥越が「倭族」という新しい命名をしたところの特定の文化要素のセットをもった民族の存在の指摘である。この「倭族」は、中国の長江（ちょうこう）流域で紀元前にはなんどか王国も作った民族であり、それは兵戈（へいか）と迫害によって、各地に分散した。そしてそのうちの一支流が現在の日本にたどり着いた。したがって、日本も倭であることには違いないが、日本に限られるわけではないという考え方である。

この考え方は倭を日本とほぼイコールで結びつける日本古代史の研究者たちの考え方

と大きく異なる。もっとも古代を研究対象とする日本史家にとっては、倭である奴国や邪馬台国が関心の対象であって、中国の南部や雲南および東南アジアの雲南近くの山岳にいる少数民族が倭であるかないかは関心の外ということになろう。

それは日本史家の場合、主要には文献に基づくので、文献のある「漢委奴国王」印で有名な奴国あたりから研究をはじめればよいということで、日本人の起源論にはかかわらないという立場であるといえよう。文献だけに依存する場合はそうせざるを得ない。

そういうなかで、考古学者の森浩一が注目すべき見解を示している。いまの韓国や中国に倭を想起させる考古学的遺物が存在するし、『漢書』の地理志の「楽浪海中に倭人あり、分かれて百余国となり、歳時を以て来たり、献見すという」という文章に基づいて、森はつぎのように指摘している。

この漢書に「登場した倭人は、漁撈活動や商業活動で中国人と接触をもったというのではなく、すでに整然とした外交活動によって記録された国際人としての倭人である」（森浩一編『倭人の登場』中央公論社、一九八五、三七頁）。また彼はいう。朝鮮半島の固城の貝塚や土器などの遺物から、倭人は「領土的な侵略者としてではなく、固城を代表するような沿岸の港を倭人が早くから商業と航海の拠点として利用していたことは十分に考えられる。……固城の東外洞貝塚では、日本の対馬に集中する、巨大化した広鋒銅矛が出土している」（同上、四八頁）。つまり、森の考え方は日本史家と同じく、倭国は日本であるが、その日本はこの時期にも国際化していて、朝鮮半島や中国で、倭国の足跡が残っているのはそのためであるという考え方である。

また朝鮮古代史・古代日朝関係史を専門とする井上秀雄は「私は中国や朝鮮の古典にあらわれる倭を、日本列島のことだけを指すものでないと考えているが、その記事のほとんどが大和朝廷のことであると考えている日本の歴史学会に所属し、それらの意見をもつ人たちときわめて密接に接触し、しばしばこの問題で討議を重ねている。にもかかわらず、私はいぜんとして四つの倭を主張」(「五世紀までの中国・朝鮮の古典に現われた倭」『東アジアの古代文化』創刊号、一九七四、一四二〜一四三頁)すると、まず立場を明らかにし、つぎのような論を展開している。すなわち、中国の古典『山海経』に依拠しながら、倭の範域として、日本列島、朝鮮半島の一部、さらにその北方にひろがる山東省の北部を倭のいた領域とみなしている(井上秀雄『倭・倭人・倭国』人文書院、一九九一、六二〜六五頁)。

では人類学・民族学者たちはどのような説を展開しているのであろうか。大林太良はいう。「倭人の風俗習慣は中国の中部から南の地域の住民のものと共通するものが少なくないのである。ということは、華北の、漢民族の中心地の文化とは異質な文化、つまり南の非漢民族系住民の文化伝統に、倭人の文化がよく似ていることを意味している」(大林太良「東アジアにおける倭人民俗」森浩一編『倭人の登場』同右所収、二五九〜二六〇頁)という。また「中国江南からインドシナにかけて龍やワニの文身があり、かつしばしばそれは漁民の習俗であった。倭人の文身も、まさにこの分布圏の東端に位置していたのである」（同右、二六二頁）。「倭人の服装は、女の貫頭衣、男の横幅、どちらも中国南部あるいは東南アジアにつらなるものなのである」（同右、二六四頁）。「倭人の文化と中国南部から東南アジアにかけての文化との類似は、服飾、航海習俗などに限られていない。実は王権の構造や刑法といった、社会機構のきわめて重要な部分にも及んでいたのである」（同右、二六八頁）とも述べている。

この大林の指摘は、大林自身がこれらの地域の現地調査をほとんどしておらず、どのような資料にもとづいているのか不明なところもあるが（一般向きの書物であるため、細かな引用を避けたためと思われる）、ともあれ、中国南部と東南アジアに倭と類似の習俗があるという指摘は、鳥越の指摘と重なってくる。

ただ、大林はあくまでも倭を日本ととらえている。そして大林はこの類似は倭の文化が「何百年にもわたる、大小の集団や個人が、さまざまのルートで」「中国東南部、つまり呉越（ごえつ）の地」（同右、二七五頁、二七七頁）から倭（日本）に流入したためと解釈している。つまり、倭族の移動というよりも、文化流入説をとっている。

ところで、日本文化のルーツ論として、よく知られている「照葉樹林文化論」がある。そこでは倭についてては討議されていないが、これまで紹介した倭についての見解と深く重なるところがある。ここでいう照葉樹林とは東アジアの温暖帯にひろがるカシやシイ、ツバキなどの常緑の広葉樹林帯をさす。そこでは、モチや納豆、ナレズシなどの発酵食品、高床式住居、山の神信仰などの現在の日本でもみられる文化的特色がみられる。またプレ農耕段階から、雑穀栽培を主とした焼畑段階、そして中国の長江中・下流域からはじまる稲作が卓越する段階へと三段階の移行をしてきたとするという考え方にたっている。

この「照葉樹林文化論」は栽培植物学者の中尾佐助の照葉樹林帯における文化要素に日本との共通点が多いことの心づきを契機として、佐々木高明などの文化人類学者による論理の精緻化と現地での人類学的調査が行われて、一九七〇年代中頃に至って文化人類学による日本文化ルーツ論として注目された（佐々木高明『照葉樹林文化とは何か』中公新書、二〇〇七、が概説書としてよい）。これは文化要素の類似を日本文化のルーツと言いきった壮大な仮説である。この文化論が考える空間は中国の雲南あたりを中心とした東亜半月弧とよばれる地帯であり、北のアッサムから南の湖南に至り、そして東南アジアの北部も含む。

それは本書の鳥越が言う地域とかなりの重なりを示す。というよりも、鳥越は、そのようなことは一言も述べてはいないが、「照葉樹林文化論」の影響を受けていた可能性がある。あるいは鳥越の立場にたった言い方をすれば、鳥越はこの文化論が当時の文化人類学会で市民権を得ていたことが、自分の倭族論という考え方を押し進める気持ちの支えとなったと言えるかもしれない。口頭では自分の論拠を強化するために、照葉樹林文化論でも同じことを言っているというような発言を耳にしたことがある。

以上のことから、鳥越の解釈はとりわけ目立って際立ったものではなく、既存の事実とさまざまな解釈のうちのひとつと位置づけられよう。倭をほぼ日本列島とする従来の主要な考え方以外の可能性がデータから成立すること。雲南や長江あたりを中心にした東アジアの山岳地帯を含めた地域に日本の基層文化と類似する文化が存在することも理解されよう。ただ、烏越の解釈としての、王国も作ったことのある倭族が敗退して四散亡命し、そのうちの一部が日本に至ったというその説明はたしかにおもしろい。だが、それを否定するデータはないけれども、またそれを肯定するデータも多くの研究者をして納得させるほどには十分でないことに注意をする必要がある。

なお不十分ながらも、『梁書』1（一七五〜一七七頁）「倭は、自ら太伯の後」という表現があり、それについて烏越は「日本列島に渡来した倭人が自ら太伯の後裔であると伝えていたことは重要なことである」といったのち、この呉太伯の呉は滅亡するが「この呉の滅亡とともに、呉の領域とされていた山東省・江蘇省・安徽省の倭人たちが、朝鮮半島中・南部へ亡命し、その一部が日本列島に渡来して、〝自ら呉太伯の後なり〟と伝えていたのである」と解釈している。これなどが肯定するデータのひとつである。

3

本書の解釈・注釈の特徴は、大きくは二つあると思われる。すなわち、烏越以外の解釈者であったならば必ずしもそうは言わなかったかもしれない際立った特色、あるいは立場がある。もちろんそれらを烏越自身は自分の実証的研究と研究的ひらめきに基づく正鵠を射た解説であると自信をもって言うであろう。ただ、そもそも解釈というものはそのようなものかもしれないが、データと解釈との間には少し隙間があることを指摘しておきたい。それは、データである史書の短文による不十分さ、意図的・無意図的な誤記があるからである。そのため、それらの解釈・注釈の採用・不採用の判断は読者にまかされよう。

ひとつは「日本列島の倭国の地理的位置」の解釈である。もうひとつは姉と弟などの兄弟姉妹による「祭政二重主権」の解釈である。

前者の「日本列島の倭国の地理的位置」から説明をはじめよう。それは本書の『後漢書』2の解説、五一〜五二頁で詳しく書かれている。すなわち地理的位置を鳥越は以下のように解釈する。『後漢書』において「日本列島が会稽・東冶の東で、朱崖・儋耳に近い所、すなわち中国の浙江省・福建省の東方海上で、広東省の海南島に近」い「故にその法俗は多く同じ」と後漢書の著者は記述した。

鳥越は解釈する。浙江省が倭人であった越人の本拠地であったが、越が楚に敗れたため、その一部が福建省に亡命した。海南島（朱崖は海南島の郡名）も倭人で構成されていた。そのため、倭人が住む浙江省（会稽は浙江省の郡名）や福建省（東冶は福建省の地名）の東側の海上に日本列島が南北に連なっていたと漢人は考えた。このように風俗習慣が漢人と異なったいわゆる倭人の習俗がそこにあったために、その海上に日本列島があるとみなしたのである。それは倭人や倭国のことについて知識のない「漢族として無理からぬことであったといえよう」と鳥越はいい、つづいて次のように大胆にいう。

「それにしても、日本列島の方位を狂わした［場所が異なったことによる方位の狂い］ことで、後世の学者たちを大きく悩まし、邪馬台国九州説の論拠ともなった。しかし、〝南〟を〝東〟として訂正して読むことで事足りるのである」。この方位の90度のズレで鳥越は他の個所でも解釈をしていく。

たとえば『三国志』23の解説（一二二頁）において、鳥越はいう。「まず訂正しておかなければならないのは、方位として北部九州を〝女王国の以北〟と記していることである。再三述べるように、これは中国の地理観の間違いにもとづくもので、正しくは〝以西〟とすべきである」。たしかに畿内からみれば北部九州は西になる。

この鳥越の解釈を受け入れれば、邪馬台国畿内説になるが、そうでなければ、九州説も説得力をもつ。そして、学会ではまだ決着がついていない事柄である。

二番目の「祭政二重主権」の解釈をとりあげよう。すでに述べたように、鳥越は長年におよぶ琉球（沖縄）研究の経歴をもっていた。そしてそこ琉球国においては、祭政二重主権が行われている国であった。聞得［美称、万能の］大君がいて、大君を姉妹にもつ王がいた。

その事実と「鬼道の道に事え」（神に仕え）る卑弥呼がいて、「男弟あり国を佐治す」（弟が国を治めることをたすける）というこの『後漢書』や『三国志』の邪馬台国の政権の記述があまりにも類似しているので、鳥越は迷うことなく、これを二重主権と判断した。姉（妹）は神との交信を通じて、国全体の方針を表示し、兄（弟）は、その大方針にもとづき、日常の政治をつかさどるというのが二重主権の意味である。

　したがって鳥越の解釈では、卑弥呼や台与を王と言っても、祭事権者であって、政事権・軍事権をもつ日常世界の王もいたことになる。それをひとりの男性の王をいただく漢人が理解できなくて（一二五頁）、弟が佐治すなわち「国を治めることを〝たすける〟」と表現したのである。たしかに、卑弥呼は『三国志』26によると、ひとりの男子が飲食を給し、辞を伝えて出入りするだけであったから、一般的に考えられている王の仕事である政事と軍事の統率は不可能であったろう。すなわち、中国正史では、おそらく珍しがって、邪馬台国をなんども〝女王国〟と言っているが、漢人が想像する王とは異なっていたのである、というのが鳥越の解釈である。

　この男女による二重主権が時代を経て、「祭事権者としての長男と、政事権・軍事権者としての次男との組み合わせに移行する」（一〇八頁）。そのため、『三国志』11で「狗奴国あり、男子、王となり、その官に狗古智卑狗あり」という文章の狗古智卑狗は政事・軍事権者であったろうと解釈をする。

　時代が少しくだって、『随書』の開皇二十年（六〇〇年）に、倭国の使者が隋で自国の説明をする。「倭王は天を以て兄となし、日を以て弟となし、天未だ明けざる時出でて政を聴くに跏趺して坐し、日出ずれば便ち理務を停め、云う、我が弟に委ぬ」（一九二頁）。

鳥越は解釈して、兄の天も弟の日もともに、わが国では王にあたる者を意味するが、天は現人神的であり、弟は実際の政務をつかさどる者であり、使者は大和朝廷の祭政二重主権を説明しているのだという。

そしてその傍証として鳥越は「和歌山県橋本市の隅田八幡宮に伝わる人物画像鏡で、その銘文に〝大王〟と〝男弟王〟の字が見える」（二九四頁）と指摘する。

さてここまではこの二重主権論に納得できるとしても、さらにその延長線上にかなり思い切った解釈を生み出すことになる。

大業三年（六〇七年）、隋国への倭国の使者が携えた国書は、冒頭が有名な「日出ずる処の天子、書を日没する処の天子に致す」という聖徳太子が書いたと言われている文面である。もちろん、隋の煬帝は大きな不快感を示す。

この解釈として、わが国で戦前から流布されていたのは、大国である中国に対する日本の堂々たる態度を示した聖徳太子の偉大さの表れであるというものであり、それは現在でも巷で流布している。

それに対して、現在、歴史に詳しい人たちによって解釈されているのは、日本と中国とが東にある国、西にある国という同等であることを示した意味にすぎないという理解である。たとえば古代史学者の吉村武彦はつぎのようにいう。「倭国王は隋の皇帝と同じ天子であるとして、同格の国王称号を用いたのである。なお、〝日出ずる処〟は東、〝日没する処〟は西を意味するが、東・西に優劣はなく」（吉村『聖徳太子』岩波新書、二〇〇二、八二頁）という説明である。

その証拠にその次の国書では「東天皇、敬みて、西皇帝に白す」となっている。吉村はおそらく、その次の国書からヒントを得てこの解釈をしたのであろう。

では、なぜはじめからこのような表現をしなかったのであろうか。荒っぽい暴君でもなかった聖徳太子があきらかに相手の皇帝を怒らせるような文を書くであろうか。怒らせることは倭国にとってなんらの利益もないはずである。

これに対する鳥越の説明は日本の二重主権論の考え方がこの国書に反映しているというものである。日出ずる処の天子が男弟王を意味し、日没するところの天子が大王を意味するのであって、自分を弟と卑下し、中国の皇帝を兄としたものであるという解釈である。このような二重主権のことを知らない隋の煬帝は不快感を示した。ただ、翌年になって「怒ったはずの煬帝が小国の倭国に使者まで派遣することになった。それは（使者であった小野）妹子が皇帝に倭国の王の特異なあり方を説明し、また鴻臚卿も開皇二十年の遣使の言葉［前々頁に引用したもの］を引いて助言し、煬帝の心を和ませたからであろう」（二一三頁）と解釈した。

この「日出ずる処の天子……」の解釈をどこまで二重主権論で押し通せるかは、読者の判断にまかされようが、ともあれ、二重主権論が本書の著者鳥越の強い主張であり、それが「日出ずる処の天子……」の解釈に新説を生み出したのである。

本書の元の本が出版されたとき、鳥越は九十歳、ひと月前に私の母である老妻が大病で緊急入院し、治療を受けている時期であった。その後、母の回復は思わしくなく、始まった一人暮らしの中で、日々学問を続けることが父にとって生きがいであり、慰めであったと思う。父は日本神話についての執筆にとりかかったが、それは完成せず、平成一九（２００７）年九十三歳で没した。本書が最後の著作となったのである。

（大手前大学学長）

本書は、二〇〇四年六月に中央公論新社より刊行された『中国正史　倭人・倭国伝全釈』を文庫化したものです。

倭人・倭国伝全釈

東アジアのなかの古代日本

鳥越憲三郎

令和2年 7月25日　初版発行
令和6年 10月30日　7版発行

発行者●山下直久

発行●株式会社KADOKAWA
〒102-8177　東京都千代田区富士見2-13-3
電話　0570-002-301(ナビダイヤル)

角川文庫 22265

印刷所●株式会社KADOKAWA
製本所●株式会社KADOKAWA

表紙画●和田三造

●お問い合わせ
https://www.kadokawa.co.jp/ (「お問い合わせ」へお進みください)
※内容によっては、お答えできない場合があります。
※サポートは日本国内のみとさせていただきます。
※Japanese text only

ISBN 978-4-04-400608-2　C0122

◆◇◇

角川文庫発刊に際して

角川源義

第二次世界大戦の敗北は、軍事力の敗北であった以上に、私たちの若い文化力の敗退であった。私たちの文化が戦争に対して如何に無力であり、単なるあだ花に過ぎなかったかを、私たちは身を以て体験し痛感した。西洋近代文化の摂取にとって、明治以後八十年の歳月は決して短かすぎたとは言えない。にもかかわらず、近代文化の伝統を確立し、自由な批判と柔軟な良識に富む文化層として自らを形成することに私たちは失敗して来た。そしてこれは、各層への文化の普及滲透を任務とする出版人の責任でもあった。

一九四五年以来、私たちは再び振出しに戻り、第一歩から踏み出すことを余儀なくされた。これは大きな不幸ではあるが、反面、これまでの混沌・未熟・歪曲の中にあった我が国の文化に秩序と確たる基礎を齎らすためには絶好の機会でもある。角川書店は、このような祖国の文化的危機にあたり、微力をも顧みず再建の礎石たるべき抱負と決意とをもって出発したが、ここに創立以来の念願を果すべく角川文庫を発刊する。これまで刊行されたあらゆる全集叢書文庫類の長所と短所とを検討し、古今東西の不朽の典籍を、良心的編集のもとに、廉価に、そして書架にふさわしい美本として、多くのひとびとに提供しようとする。しかし私たちは徒らに百科全書的な知識のジレッタントを作ることを目的とせず、あくまで祖国の文化に秩序と再建への道を示し、この文庫を角川書店の栄ある事業として、今後永久に継続発展せしめ、学芸と教養との殿堂として大成せんことを期したい。多くの読書子の愛情ある忠言と支持とによって、この希望と抱負とを完遂せしめられんことを願う。

一九四九年五月三日

角川ソフィア文庫ベストセラー

古事記
ビギナーズ・クラシックス 日本の古典
編／角川書店

天皇家の系譜と王権の由来を記した、我が国最古の歴史書。国生み神話や倭建命の英雄譚ほか著名なシーンが、ふりがな付きの原文と現代語訳で味わえる。図版やコラムも豊富に収録。初心者にも最適な入門書。

万葉集
ビギナーズ・クラシックス 日本の古典
編／角川書店

日本最古の歌集から名歌約一四〇首を厳選。恋の歌、家族や友人を想う歌、死を悼む歌。天皇や宮廷歌人をはじめ、名もなき多くの人々が詠んだ素朴で力強い歌の数々を丁寧に解説。万葉人の喜怒哀楽を味わう。

竹取物語（全）
ビギナーズ・クラシックス 日本の古典
編／角川書店

五人の求婚者に難題を出して破滅させ、天皇の求婚にも応じない。月の世界から来た美しいかぐや姫は、じつは悪女だった？　誰もが読んだことのある日本最古の物語の全貌が、わかりやすく手軽に楽しめる！

蜻蛉日記
ビギナーズ・クラシックス 日本の古典
右大将道綱母
編／角川書店

美貌と和歌の才能に恵まれ、藤原兼家という出世街道まっしぐらな夫をもちながら、蜻蛉のようにはかない自らの身の上を嘆く、二一年間の記録。有名章段を味わいながら、真摯に生きた一女性の真情に迫る。

枕草子
ビギナーズ・クラシックス 日本の古典
清少納言
編／角川書店

一条天皇の中宮定子の後宮を中心とした華やかな宮廷生活の体験を生き生きと綴った王朝文学を代表する珠玉の随筆集から、有名章段をピックアップ。優れた感性と機知に富んだ文章が平易に味わえる一冊。

角川ソフィア文庫ベストセラー

ビギナーズ・クラシックス 日本の古典 源氏物語

紫式部 編／角川書店

日本古典文学の最高傑作である世界第一級の恋愛大長編『源氏物語』全五四巻が、古文初心者でもまるごとわかる！ 巻毎のあらすじと、名場面はふりがな付きの原文と現代語訳両方で楽しめるダイジェスト版。

ビギナーズ・クラシックス 日本の古典 今昔物語集

編／角川書店

インド・中国から日本各地に至る、広大な世界のあらゆる階層の人々のバラエティーに富んだ日本最大の説話集。特に著名な話を選りすぐり、現実的で躍動感あふれる古文が現代語訳とともに楽しめる！

ビギナーズ・クラシックス 日本の古典 平家物語

編／角川書店

一二世紀末、貴族社会から武家社会へと歴史が大転換する中で、運命に翻弄される平家一門の盛衰を、叙事詩的に描いた一大戦記。源平争乱における事件や時間の流れが簡潔に把握できるダイジェスト版。

ビギナーズ・クラシックス 日本の古典 徒然草

吉田兼好 編／角川書店

日本の中世を代表する知の巨人・吉田兼好。その無常観とたゆみない求道精神に貫かれた名随筆集から、兼好の人となりや当時の人々のエピソードが味わえる代表的な章段を選び抜いた最良の徒然草入門。

ビギナーズ・クラシックス 日本の古典 おくのほそ道（全）

松尾芭蕉 編／角川書店

俳聖芭蕉の最も著名な紀行文、奥羽・北陸の旅日記を全文掲載。ふりがな付きの現代語訳と原文で朗読にも最適。コラムや地図・写真も豊富で携帯にも便利。風雅の誠を求める旅と昇華された俳句の世界への招待。

角川ソフィア文庫ベストセラー

古今和歌集
ビギナーズ・クラシックス 日本の古典

編／中島輝賢

春夏秋冬や恋など、自然や人事を詠んだ歌を中心に編まれた、第一番目の勅撰和歌集。総歌数約一一〇〇首から七〇首を厳選。春といえば桜といった、日本的美意識に多大な影響を与えた平安時代の名歌集を味わう。

伊勢物語
ビギナーズ・クラシックス 日本の古典

編／坂口由美子

雅な和歌とともに語られる「昔男」（在原業平）の一代記。垣間見から始まった初恋、天皇の女御となる女性との恋、白髪の老女との契り――。全一二五段から代表的な短編を選び、注釈やコラムも楽しめる。

土佐日記（全）
ビギナーズ・クラシックス 日本の古典

紀 貫之
編／西山秀人

平安時代の大歌人紀貫之が、任国土佐から京へと戻る旅を、侍女になりすまし仮名文字で綴った紀行文学の名作。天候不順や海賊、亡くした娘への想いなどが、船旅の一行の姿とともに生き生きとよみがえる！

うつほ物語
ビギナーズ・クラシックス 日本の古典

編／室城秀之

異国の不思議な体験や琴の伝授にかかわる奇瑞などの浪漫的要素と、源氏・藤原氏両家の皇位継承をめぐる対立を絡めながら語られる。スケールが大きく全体像が見えにくかった物語を、初めてわかりやすく説く。

和泉式部日記
ビギナーズ・クラシックス 日本の古典

和泉式部
編／川村裕子

為尊親王の死後、弟の敦道親王から和泉式部へ手紙が届き、新たな恋が始まった。恋多き女、和泉式部が秀逸な歌とともに綴った王朝女流日記の傑作。平安時代の愛の苦悩を通して古典を楽しむ恰好の入門書。

角川ソフィア文庫ベストセラー

ビギナーズ・クラシックス 日本の古典
更級日記
菅原孝標女
編／川村裕子

平安時代の女性の日記。東国育ちの作者が京へ上り憧れの物語を読みふけった少女時代。結婚、夫との死別、その後の寂しい生活。ついに思いこがれた生活を手にすることのなかった一生をダイジェストで読む。

ビギナーズ・クラシックス 日本の古典
大鏡
編／武田友宏

老爺二人が若侍相手に語る、道長の栄華に至るまでの藤原氏一七六年間の歴史物語。華やかな王朝の裏の権力闘争の実態や、都人たちの興味津津の話題が満載。『枕草子』『源氏物語』への理解も深まる最適な入門書。

風土記（上）
現代語訳付き
監修・訳注／中村啓信

風土記は、八世紀、元明天皇の詔により諸国の産物、伝説、地名の由来などを撰進させた地誌。現存する資料を網羅し新たに全訳注。漢文体の本文も掲載する。上巻には、常陸国、出雲国、播磨国風土記を収録。

風土記（下）
現代語訳付き
監修・訳注／中村啓信

報告書という性格から、編纂当時の生きた伝承・社会・風俗を知ることができる貴重な資料。下巻には、現存する五か国の中で、豊後国、肥前国と後世の諸文献から集められた各国の逸文をまとめて収録。

新版 万葉集（一〜四）
現代語訳付き
訳注／伊藤　博

古の人々は、どんな恋に身を焦がし、誰の死を悼み、そしてどんな植物や動物、自然現象に心を奪われたのか――。全四五〇〇余首を鑑賞に適した歌群ごとに分類。天皇から庶民にいたる万葉人の想いが今に蘇る！

角川ソフィア文庫ベストセラー

新版 古事記物語

鈴木三重吉

大正に創刊され、児童文学運動の魁となった児童雑誌「赤い鳥」に掲載された歴史童話。愛する妻イザナミを探すイザナギの物語「女神の死」をはじめ、日本の神話世界や天皇の事績をわかりやすい文体で紹介。

はじめて楽しむ万葉集

上野 誠

万葉集は楽しんで読むのが一番！ 定番歌からあまり知られていない歌まで、84首をわかりやすく解説。万葉びとの恋心や親子の情愛など、瑞々しい情感を湛えた和歌の世界を旅し、万葉集の新しい魅力に触れる。

万葉集の心を読む

上野 誠

今を生きる私たちにとって、万葉集の魅力とは。最新の万葉研究を背景に信仰・都市・女性・家族など古代と現代を繋ぐ13の視点から有名な万葉歌を読解。読んで学び、感じて味わう、現代人のための万葉集入門！

万葉集で親しむ大和ごころ

上野 誠

嫉妬と裏切り、ユーモア、別れの悲しみ、怒り……現代にも通じる喜怒哀楽を詠んだ万葉歌からは、日本人らしい自然で素直な心の綾を感じることができる。歌を通じて、万葉びとの豊かな感情の動きを読み解く。

新版 日本神話

上田正昭

古事記や日本書紀に書かれた神話以前から、日本人の心の中には素朴な神話が息づいていたのではないか。古代史研究の第一人者が、考古学や民俗学の成果を取り入れながら神話を再検討。新たな成果を加えた新版。

角川ソフィア文庫ベストセラー

平城京の家族たち
ゆらぐ親子の絆

三浦佑之

八世紀に成立した律令制が、「子を育ていつくしむ母」を「子を省みない母」に変えた――。今から一三〇〇年前に生まれた家族関係のゆがみを、『日本霊異記』を中心にした文学の中に読み解く画期的な試み。

日本の民俗　祭りと芸能

芳賀日出男

写真家として、日本のみならず世界の祭りや民俗芸能の取材を続ける第一人者、芳賀日出男。昭和から平成へと変貌する日本の姿を民俗学的視点で捉えた、貴重な写真と伝承の数々。記念碑的大作を初文庫化！

日本の民俗　暮らしと生業

芳賀日出男

日本という国と文化をかたち作ってきた、様々な生業と暮らしの人生儀礼。折口信夫に学び、宮本常一と旅した眼と耳で、全国を巡り失われゆく伝統を捉えた、民俗写真家・芳賀日出男のフィールドワークの結晶。

日本再発見
芸術風土記

岡本太郎

人間の生活があるところ、どこでも第一級の芸術があり得る――。秋田、岩手、京都、大阪、出雲、四国、長崎を歩き、各地の風土に失われた原始日本の面影を見いだしていく太郎の旅。著者撮影の写真を完全収録。

神秘日本

岡本太郎

人々が高度経済成長に沸くころ、太郎の眼差しは日本の奥地へと向けられていた。恐山、津軽、出羽三山、広島、熊野、高野山を経て、京都の密教寺院へ――。現代日本人を根底で動かす「神秘」の実像を探る旅。

角川ソフィア文庫ベストセラー

古代研究Ⅵ
国文学篇2

折口信夫

〈発生とその展開〉に関する、和歌史を主題とした具体論。「女房文学から隠者文学へ」「万葉びとの生活」など13篇を収録。貴重な全巻総索引付き最終巻。解説・折口信夫研究／長谷川政春、新版解説／安藤礼二

日本文学の発生 序説

折口信夫

古代人が諺や枕詞、呪詞に顕した神意と神への信頼を折口は「生命の指標（らいふ・いんできす）」と名づけ、詩歌や物語の変遷を辿りながら、古来脈打つ日本文学の精神を追究する。生涯書き改め続けた貴重な論考。

死者の書

折口信夫

「した　した　した」水の音と共に闇の中で目覚めた死者・大津皇子と、藤原南家豊成の娘・郎女の神秘的な交感を描く折口の代表的小説。詳細かつ徹底的な注釈と、『山越阿弥陀図』をカラー口絵で収録する決定版！

悲劇文学の発生・まぼろしの豪族和邇氏

角川源義

処女作「悲劇文学の発生」をはじめ、語りと伝承者、悲劇文学の流通を論じる4篇を収録。伝承を語り伝え運搬する者の謎にせまる、国文学者・角川源義の原点をさぐる珠玉の論考集。解説・三浦佑之

世界神話事典 創世神話と英雄伝説

大林太良
伊藤清司
編／吉田敦彦・松村一男

ファンタジーを始め、伝説やおとぎ話といった物語の原点は神話にある。神話をひもとけば、民族や文化、人間の心の深層が見えてくる。世界や死の起源、英雄伝説など全世界共通のテーマにそって紹介する決定版。